Dina A. Amanžolova

Ausgangspunkte moderner Staatlichkeit:

Kasachstan 1900–1920

Inhalt

Revolution und Bürgerkrieg   4

Kasachstan wird bol'ševistisch   15

ASSR - Das Ende der Alaš   47

Fazit   57

Glossar   61

Abkürzungsverzeichnis   63

Die Systemkrise des zaristischen Russland zu Beginn des 20. Jh.s und die durch die Oktoberrevolution begonnenen grundlegenden Veränderungen im Leben der Menschen auf dem eurasischen Kontinent können außerordentlich lehrreich für alle postsowjetischen Staaten der Gegenwart sein, die bei der Transformation ihrer Staatlichkeit in einer äußerst schwierigen Lage sind, wobei Separatismus und Regionalismus destruktiv wirken. Bei alledem sind ihre föderalen und anderen demokratischen Machtinstrumenten schwach. Die Geschichte der kasachischen Staatlichkeit, die letztlich nach dem Zerfall der Sowjetunion verwirklicht wurde, ist hier ein besonders aktuelles Thema.

Autonomie oder Separatismus?

Vor der Revolution war Kasachstan in mehrere Großregionen aufgeteilt. Die westlichen Oblasti (Ural' und Turgaj) wurden vom Orenburger Generalgouvernement aus regiert, das Zentrum und der Osten (die Oblasti Akmolinsk und Semipalatinsk) gehörten zum Stepnoj Kraj mit dem Zentrum Omsk, Teile der südlichen Gebiete zur Semirečenskaja und Syr-Dar'inskaja Oblast' des Turkestanskij Kraj. Die Bukeevsche Horde (Steppe) gehörte zum Gouvernement Astrachan'. Außerdem befanden sich auf dem Territorium Kasachstans die Länder der Orenburger, Ural-, Sibirischen und Semireč'e-Kosakenheere. Die Vereinigung der überwiegend von Kasachen besiedelten Gebiete zu einem national-territorialen Gebilde war das Ziel der im Jahr 1905 gebildeten Bewegung Alaš. Sie konnte 1920 im Rahmen der RSFSR erreicht werden.

Die kasachischen Autonomiebestrebungen zu Beginn des 20. Jh. standen unter starkem Einfluss der Entwicklungen in Russland. In der kasachischen Gesellschaft fanden damals komplizierte intraethnische Konsolidierungsprozesse statt. Die Entstehung eines Nationalbewusstseins war in den ersten 20 Jahren des 20. Jahrhunderts noch lange nicht abgeschlossen. Die Suche nach einer nationalen Identität beschäftigte vor allem die nicht sehr zahlreiche kasachische Intelligenz, insbesondere diejenigen, die eine europäische Bildung genossen hatten und sich in den entstehenden allrussischen Parteien politisch engagierten. In der nationalen Bewegung der Kasachen Alaš (Alaš, d. i. ein Kampfruf, ein Symbol der Nation, der Name eines mythischen Vorfahren der Kasachen) finden sich ähnliche Etappen wie in der Mehrheit aller Nationalbewegungen: von kulturellen Forderungen zur Formulierung politischer Ziele und der dann gesetzmäßig folgenden Einbeziehung in den gesamtrussischen Modernisierungsprozess, der im weiteren Verlauf revolutionären Charakter annahm.

Für die Anhänger der Alaš charakteristisch waren die Orientierung auf eine Verbindung von Traditionalismus mit westlicher Demokratie und den Erfolgen der allgemeinmenschlichen Zivilisation, das Gefühl von Schuld und Pflicht gegenüber dem eigenen Volk sowie das Bemühen, den Fortschritt zu beschleunigen und der Armut, Rechtlosigkeit und Unwissenheit der nationalen Massen ein Ende zu machen. Die revolutionären Ereignisse ließen der Bewegung aber nicht die Möglichkeit zu einer „ruhigen" Entwicklung nach klassischem Schema. Das Verdienst ihrer Führer besteht darin, eine praktische und angemessene Antwort auf die Herausforderungen der Zeit gefunden und die geistigen und organisatorischen Grundlagen entsprechend gelegt zu haben. So konnten sie auf die Veränderungen richtig reagieren und einen Kurs zur Verteidigung der nationalen Interessen des eigenen Volkes einschlagen. Gerade durch ihre Verbindung mit den Entwicklungen in Russland, und es ist wichtig dies auszusprechen, war die Bewegung Alaš aber auch eine vom Volk isolierte Avantgarde, obwohl sie in dessen Namen und an dessen Stelle handelte.

Ein weiteres Verdienst der kasachischen Nationalisten (der Terminus Nationalismus wird hier ohne die in der sowjetischen Historiographie übliche axiomatisch negative Wertung verwendet) besteht darin, dass sie diese Widersprüche verstanden. Die die Alaš führende kasachische Elite bewertete, solange die Bewegung bestand, die soziopolitische Situation der nationalen Gesellschaft, wie auch die eigenen organisatorischen, politischen, finanziellen und sonstige Möglichkeiten immer recht nüchtern. Das erklärt auch, warum sie bis zum Oktober 1917 die Frage nach der nationalen Staatlichkeit zumindest auf praktischer Ebene nicht stellte, wie sie überhaupt nie separatistische oder autarkistische Ziele und Einstellungen hatte.

Die Führer der Bewegung hatten kein geschlossenes, theoretisch ausgearbeitetes autonomistisches Programm. Ihre Vorstellungen über den Typ der Nationalstaatsbildung der Kasachen, den Platz dieser Staatsbildung im eurasischen geopolitischen Raum, dessen politische

Vereinigung im Russländischen Imperium auch nach dessen Zerfall, über die Befugnisse und den Status dieser Staatlichkeit entwickelten sich aus der aktuellen politischen Situation heraus und unter deren Einfluss. Bis zur Revolution, insbesondere bis zur Bildung der kasachischen Konstitutionell-demokratischen Partei – den Vorläufern der Alaš – im Jahr 1905, sprachen sich ihre Führer für die Bildung eines gesamtnationalen Organs aus, „einem einzigen großen Zemstvo" zur Erörterung „allgemeinkirgisischer Fragen, die aus den Zuständigkeiten der Staatsduma herausgenommen werden sollten."[1]

Im Jahr 1913 war die Idee einer staatlichen Selbstständigkeit in einem programmatischen Artikel des Redakteurs, Aufklärers und Poeten A. Bajtursynov in der neuen ersten gesamtnationalen Zeitung „Kazach" schon klarer umrissen. Sein Ausgangspunkt war die Notwendigkeit von Fortschritt und ethnischer Konsolidierung unter den Bedingungen der Stolypinschen Reformen und der Kolonisation des Kraj durch Übersiedler aus dem europäischen Russland.

„... Das kirgisische Volk, das von alters her ein klar umrissenes Territorium besiedelte, lebte ein isoliertes Leben; jetzt sehen wir den Zustrom von Siedlern in die kirgisische Steppe. Was wird unser zukünftiges Schicksal sein? Wenn man vom historischen Lauf der Dinge ausgeht, ist es nicht schwer vorauszusagen, dass, wenn das eingewanderte Element in kultureller Hinsicht stärker ist als die indigene Bevölkerung, letzteres mit der Zeit von ersterem geschluckt wird und umgekehrt. Nur wenn beide auf der gleichen Kulturstufe stehen, können sie sich selbstständig entwickeln, gleichberechtigt existieren und ihren eigenen nationalen Charakter bewahren. Jetzt ist ein Umschwung im ökonomischen Leben der Kirgisen unausweichlich. ... auf allen möglichen Wegen tauchen bei uns fremde Völkerschaften auf. Deshalb stellt sich uns die Frage ... der selbstständigen Existenz des kirgisischen Volkes in aller Schärfe."

Bajtursynov begrenzte seine Lösungsvorschläge nicht auf Forderungen auf bloß kultureller Ebene:

„Um unsere Selbstständigkeit zu wahren, müssen wir uns unbedingt mit allen Kräften und Mitteln um Aufklärung und allgemeine Kultur bemühen, daher ist es unsere erste Pflicht, uns um die Entwicklung der Literatur in unserer Muttersprache zu kümmern. Man darf niemals vergessen, dass nur das Volk ein Recht

---

[1] GA RF, f. 523, op. 1, d. 407, l. 1-2, 3-5.

auf ein selbstständiges Leben hat, das seine eigenen Sprache spricht und seine eigene Literatur hat."²

Revolution und Bürgerkrieg

Unmittelbar nach dem Sturz der Selbstherrschaft im Februar 1917 sprachen zuerst die Oblast'-Kongresse und dann auch der allkasachische Kongress vom 21. bis 28. Juli in Orenburg der neuen demokratischen Macht ihre Unterstützung aus. Die dort vorgebrachte Forderung nach einer territorial-nationalen Autonomie der Oblast' im Rahmen der Russländischen demokratischen Föderation zeigt, dass im ganzen Land zentrifugale Bestrebungen verbreitet waren. Konkrete Taten und Strukturen erwuchsen daraus aber nicht. Jedoch trat der Führer der Alaš, A. Bukejchanov, obwohl er in ihr ZK gewählt worden war, bald aus der allrussischen Partei der Kadetten (Partei der Volksfreiheit) aus. Eines seiner Hauptmotive für diese Entscheidung war, dass „die Partei der Kadetten gegen die nationale Autonomie war. Wir aber", erklärte er seine Position in der Zeitung „Kazach" im Dezember 1917, „die wir uns unter dem Banner Alaš versammelt haben, haben uns entschieden eine nationale Autonomie zu schaffen."³

Doch unternahm der unumstrittene Führer der Autonomisten nichts zur konkreten Umsetzung dieser Idee. Auf dem 1. Kongress der Sibirischen Oblast' vom 8. bis 17. Oktober 1917 in Tomsk erklärte er: „Wir wollen die Selbstbestimmung zusammen mit Sibirien bekommen." Der Kongress sprach sich für den Anschluss „des ganzen Kirgisischen Kraj" an das autonome Sibirien aus – „bei freier Willensäußerung der in diesen Grenzen lebenden Bevölkerung."⁴ Schon in vorrevolutionären Zeiten wie auch im Laufe der Jahre 1917–1918 hatten enge Beziehungen zwischen kasachischen Nationalisten und sibirischen Regionalisten (*oblastniki*) bestanden, sowohl objektiv als auch durch politischen Pragmatismus begründet.

Einer der angesehensten Vertreter des sibirischen Regionalismus (*oblastničestvo*) war G.N. Potanin. Die Kasachen nannten ihn

---

[2] Zitiert nach M. Dulatov, Achmed Bajtursynovič Bajtursynov (Biografičeskij očerk), in: Trudy Obščestva izučenija Kirgizskogo kraja, vyp. III, Orenburg 1922, S. 21-22.

[3] Kazach, 1017, Nr. 256.

[4] Sibirskaja Žizn' (Tomsk), 8., 11., 17., 21. 10. 1917, Put' Naroda (Tomsk), 17. 10. 1917.

„Aksakal mit der heiligen Seele", denn er widmete sich jahrelang der Erforschung ihres Alltagslebens, ihrer Traditionen, Folklore und Gebräuche. Über die kasachischen Autonomiebestrebungen schrieb er damals: „... das kirgisische Programm erschöpft sich in der Frage der Selbstbestimmung." Er unterstrich, dass der Kirgizskij Kraj im Vergleich mit Sibirien „einen in sich geschlossenen Körper" mit politischen und sozial-ökonomischen Eigenheiten bildete. Weiter wies er zurecht darauf hin, dass die „Führer des kirgisischen Volkes" sich gegen die Bildung einer Autonomie entschieden hatten. Potanin hielt diese Position für realistisch. Nach seiner Meinung konnte die Frage der Autonomie für die Führer der Alaš erst dann an die erste Stelle treten, wenn „sich die neue Ordnung im kirgisischen Volk ausreichend gefestigt, ... und die kirgisische Intelligenz sich vergrößert hat." Die Bereitschaft der Sibirischen Autonomie beizutreten, war folglich als Etappe auf dem Weg zur eigenen Staatlichkeit zu erklären, wobei die politische und kulturelle Rückständigkeit der Nation schrittweise überwunden werden würde. Die optimale Form staatlichen Aufbaus war für sie „keine Verwandten/Stammes-(*rodstvennyj*) bzw. tribale Autonomie, sondern eine territoriale, an das Land gebundene Autonomie", die das friedliche Zusammenleben verschiedener Völker sicherstellen sollte.[5]

Nach dem Oktober 1917 wurde der natürliche Wandlungsprozess der Bewegung Alaš in eine Partei gestört. Nach der Veröffentlichung des Programmentwurfes der Partei Alaš am 21. November und dem 2. Allkasachischen Kongress (5. bis13. Oktober 1917 in Orenburg), der die Entscheidung zur Bildung einer Autonomie traf und eine Regierung wählte (Alaš-Orda), verwandelten sich ihre Organisationsstrukturen von vorparteilichen in protostaatliche. Der Kongress sprach sich für ein demokratisches föderatives Russland mit Präsidialregierung aus, wobei die kasachischen Autonomie auf gleicher Grundlage wie die anderer Völkerschaften einbezogen sein sollte; Sicherung der nationalen Gleichberechtigung, „der Gewohnheit entsprechend" Gerichtsverfahren in der Muttersprache, progressive Einkommensteuer sowie die Trennung von Staat und Kirche waren weitere Punkte. Die Autonomie sollte diejenigen Oblasti vereinen, „die ein geschlossenes Territorium mit einer vorherrschenden Bevölkerung von Kasak-Kirgisen einheitlicher Herkunft, Kultur,

---

[5] Sibirskaja Žizn', 14. 11. 1917, Žalpy sibir s'ezi, in: Kazach 1917, Nr. 251, Zitiert nach Elichan Bokejchanov, Kyr balasy Šygarmalar, Almaty 1994, 263 b.

Geschichte und Sprache bildeten."[6] Hier taucht also der Gedanke einer zukünftigen Nationalstaatsbildung ganz deutlich auf, ebenso wie mit der Nennung der wichtigsten Merkmale die Nation als ausreichend konsolidierte ethnische Gemeinschaft definiert wird.

Dabei ist gleichzeitig charakteristisch, dass die Bildung der Autonomie mit dem Bemühen, das Volk vor Anarchie und dem sich entwickelnden Bürgerkrieg zu schützen, begründet wird. Die Autonomie war somit eine natürliche Reaktion des Selbstschutzes unter den Umständen des allgemeinen Zerfalls staatlicher Institutionen; Lenkung und Verwaltung wurden auf örtlicher wie auf zentraler Ebene zunehmend unmöglich. Ähnliches konnte man auch in den von Kosaken selbstverwalteten Gebieten beobachten, ja, in allen Regionen Russlands, wo Mitte 1918 zwanzig verschiedene Arten von Regierungen und Autonomien bestanden. Der Kommissar der Provisorischen Regierung im Turkestanskij Komitet I.N. Šendrikov bewertete die Erklärung der Turkestanischen (Kokander) Autonomie, die nicht ohne Beteiligung von Mitgliedern der Bewegung Alaš in einer ähnlichen Situation entstanden war, folgendermaßen:

„Kaum jemand ist sich darüber im Klaren, worin die Idee der turkestanischen Autonomie besteht ... Die Begründer der Autonomie selbst haben sich von den Grenzen der Macht und den Kompetenzen der erklärten Autonomie nur einen höchst unklaren Begriff gemacht. Sie haben der materiell-rechtlichen Seite, wie Fragen der Finanzen oder der Streitkräfte, nur wenig Aufmerksamkeit gewidmet. Breite Schichten der turkestanischen Gesellschaft betrachteten die Erklärung der Autonomie vor allem als organisierten Protest gegen Zügellosigkeit und Anarchie der bol'ševistischen Macht, die sich in Taschkent stark zu zeigen begann und damals noch erfolglos versuchte, ihren Einfluss auf die übrigen Städte und Oblasti Turkestans auszubreiten, in denen noch nicht alle Macht den Räten gehörte."[7]

Die Alaš-Ordincy waren Ende 1917 Repräsentanten des Versuches, auf konstitutionellem Weg aus der Krise zu finden. Sie wollten die Autonomie auf der Basis einer legitimen nationalen konstitutionellen Versammlung mit darauf folgender Bestätigung ihrer Verfassung durch eine Allrussische Verfassunggebende Versammlung ausrufen. Die Zeitung „Kazach" erklärte später, dass der Hauptgrund für den

---

[6] Alaš - Orda. Sb. dokumentov, Kzyl-Orda 1929, S. 73-75, 104; Kaz.Prav. 19. 6. 1989.

[7] GA RF, f. 667, op. 1, d. 29, l. 41-42.

Verzicht auf eine sofortige Ausrufung der Autonomie die unklare Situation im Kraj und den Nachbarregionen war.[8] Auch dies unterstreicht die Umsicht und Realitätsnähe der Nationalen.

Die Entscheidung für die Autonomie wurde auf dem 2. Allkasachischen Kongress erst nach scharfen Auseinandersetzungen getroffen, in deren Verlauf sich die eine Seite für eine rasche Ausrufung aussprach und die andere Seite vorab klären wollte, wie die nicht indigene Bevölkerung des Kraj zu diesem Schritt stünde, was äußerst bezeichnend ist. Die Radikalen waren in der Minderheit und erreichten eine Annahme des Beschlusses erst, nachdem sie für den Fall einer Ablehnung die Vereinigung mit der Kokander Autonomie angedroht hatten. Letztlich fand der Kongress einen Kompromiss: Die Alaš-Orda sollte innerhalb eines Monats die Möglichkeit einer Vereinigung aller Kasachen Turkestans klären und dann offiziell die Entscheidungen des Kongresses bekannt geben.

Offensichtlich war dieser Beschluss Ausdruck der Zweifel, die die Alaš-Führer hinsichtlich der Zweckmäßigkeit eines solch ernsten Schrittes hatten sowie des Bewusstseins, dass die Realisierung der Idee der nationalen Staatlichkeit objektiv verfrüht war. Es ist symptomatisch, dass Bukejchanov auf dem Kongress „leidenschaftlich plädierte, dass es unter den gegenwärtigen Bedingungen des sozialen Lebens und des Standes von Kultur und Aufklärung unter den Kirgisen nicht zweckmäßig und nicht vernünftig wäre, sich politisch zu isolieren und einen selbständigen Kurs auf eine rein autonome Verwaltung zu nehmen."[9] Bald danach beantwortete die Zeitung „Kazach" die Frage „Was sind die Grundlagen der Staatlichkeit?" in einem Artikel gleichen Titels folgendermaßen:

„das Vorhandensein eines eigenen Territoriums,

die Existenz einer Bevölkerung auf diesem Territorium,

eine das Land regierende Macht."[10]

Das vorsichtige Agieren der Alaš-Ordincy lässt sich damit erklären, dass ihnen das Fehlen des letzten, dritten Faktors bewusst war. Auch im Januar 1918 trafen sie keine Anstalten, von Ankündigungen zu Taten zu schreiten. Der kasachische Kongress der Syr-Dar'inskaja

---

[8] Siehe Alaš-Orda, wie Anm. 6, S. 50-53,56; Kazach 16.9.1918.

[9] Orenburgskij Kazačij Vestnik, Nr. 109, 23.12.1917.

[10] Kazach, 1918, Nr. 257. Zitiert nach: K.B. Bejsembiev, Idejno-političeskie tečenija v Kazachstane v konce XIX – načale XX vv., Alma-Ata 1961, S. 363.

Oblast' sprach sich für den Verbleib der Oblast' in der Turkestanischen (Kokander) Autonomie aus, die vom Alaš-Vertreter M. Tynyšpaev und einem anderen bedeutenden kasachischen Politiker, M. Čokaev, geführt wurde. Gleichzeitig erkannte das Semipalatinsker Oblast'komitee der Alaš gemeinsam mit dem Zemstvo und dem Rat der Bauerndeputierten die antibol'ševistische Provisorische Sibirische Regierung bis zur Verkündung der kasachischen Autonomie an, wenn auch die Etablierung der Sowjetmacht die Situation im Kraj rasch veränderte.[11]

Es zeigte sich, dass die Bewegung Alaš, wie auch die Nationalbewegungen vieler anderer Völker Russlands, die sich während des Bürgerkriegs zwischen Weißen und Roten wie zwischen Hammer und Amboss befanden, nicht nur nicht die Autonomie ausrief, sondern auch von keiner der beiden gegnerischen Seiten irgendeine Form von Anerkennung erhielt. Allerdings gelang es den Führern der Alaš während der Verhandlungen mit dem SNK der RSFSR (mit V.I. Lenin und I.V. Stalin) im Frühjahr 1918, einen gewissen Kompromiss auszuhandeln. Vor allem bekamen sie die Zustimmung für die Schaffung demokratischer Vertretungsorgane in der örtlichen Verwaltung und Selbstverwaltung nach Art der Zemstva – bei Anerkennung der Sowjetmacht. Dabei wurden die Grenzen der Autonomie entsprechend den Entscheidungen der autonomistischen Kongresse festgelegt, mit dem Ziel, alle überwiegend von Kasachen bewohnten Territorien zu vereinen. Der Alaš-Orda als autonomer exekutiver Macht wurde in enger Zusammenarbeit mit den örtlichen Sowjets auch das Recht auf die Initiative der Einberufung eines Kongresses und der Erhalt der höchsten legislativen und administrativen Macht bis zu diesem Kongress zugesprochen. Die örtlichen Sowjets sollten „auf demokratischen Grundlagen unter Beachtung der proportionalen Vertretung der Nationalitäten" geschaffen werden. Diese Punkte waren für die Autonomisten zentral, der letzte aber war unannehmbar für den SNK der RSFSR. Außerdem schlugen die Alaš-Ordincy vor, an Orten, wo es keine Sowjets gab, Organe der Selbstverwaltung, nationale Gerichte und eine Volksmiliz, nach dem Typ der Zemstva zu schaffen.[12]

Eine Umsetzung dieser Übereinkunft wurde durch die militärisch-politische Machtverschiebung zugunsten der Weißen unmöglich. Dennoch verfolgten die Autonomisten unter allen Umständen einen

---

[11] Gos. Archiv Semipalatinskoj oblasti (im folgenden GASO), f. 44, op.1., d.8, l. 4,8; d. 3, l. 2,7,11; f. 133, op. 1, d.1, l. 110; f. 37, op. 1, d. 1., l.72.

[12] GA RF, f. 1318, op. 1, d. 28, l. 36.

Kurs zur legitimen Entscheidung des Problems und konstruktiver Zusammenarbeit mit dem Zentrum, in dem sich die Lage und die Führer (Moskau: V.I. Lenin und I.V. Stalin, Samara: Komitee der Mitglieder der Verfassunggebenden Versammlung (Komuč) und V.K. Vol'skij, Omsk: Provisorische Sibirische Regierung und P.V. Vologodskij, danach Provisorische Allrussische Regierung und A.V. Kolčak), wie auch das Verhältnis zur Frage des zukünftigen Staatsaufbaus Russlands, ständig änderte. Sie zeigten große Anpassungsfähigkeit und schlugen völlig verschiedenartige Varianten des Verhältnisses zum Zentrum vor, von der Anerkennung der Sowjetmacht bei Bewahrung der Zemstvo-Selbstverwaltung im Kraj bei Verhandlungen mit Lenin und Stalin bis zu Vertragsbeziehungen mit Komuč oder der Sibirischen Autonomie, bis hin zum Beitritt in deren Verbund und sogar der Bestätigung des Amtes einesHauptbevollmächtigten der Allrussischen Provisorischen Regierung Kolčaks für die Alaš-Orda mit dem Status eines Generalgouverneurs oder eines Staatssekretärs für Indien.[13]

Typisch in dieser Beziehung sind Episoden, die mit der Festlegung des Status des nationalen Gebildes im Verbund der antisowjetischen Kräfte verbunden sind. Auf der staatlichen Beratung in Ufa im September 1918, wo sich die Vertreter aller antibol'ševistischen Regierungen versammelten und ihre Kräfte zu konsolidieren suchten, wurde auf diese Frage besonderes Augenmerk gerichtet. Unter den Teilnehmern fanden sich auch Mitglieder der Alaš-Orda, so ihr Führer A. Bukejchanov, daneben A. Bajtursynov, D. Dosmuchamedov, V. Tanačev, S. Doščanov, Ch. Dosmuchamedov, I. Alimbekov, B. Džankadamov. Auch der Führer der Turkestanischen Autonomie, der Kasache M. Čokaev, war als ihr Verbündeter und im Prinzip Mitglied der kasachischen autonomistischen Regierung, Teilnehmer der Beratung.

Auf der Sitzung am 12. September trat Bukejchanov im Namen der asiatischen Autonomisten mit einer programmatischen Erklärung auf:

„Wir, die *inorodcy* des alten selbstherrschaftlichen Russland, hatten uns dem demokratischen Teil Russlands angeschlossen, dem republikanischen Russland, wir warteten und erwarteten, dass unsere Hoffnungen auf eine Volksherrschaft durch eine auf der Basis des allgemeinen Wahlrechts frei gewählte Allrussische Konstituierende Versammlung verwirklicht würden. Aber unsere Träume wurden zerstört, wie die Träume aller Demokraten Russlands. Demagogen haben die Macht ergriffen, die in der

---

[13] Siehe dazu ausführlicher: D. Amanžolova, Kazachskij Avtonomizm i Rossija, Moskva 1994.

Russischen Republik eine Diktatur des Proletariats errichten wollen. So haben sie die Russische Republik in ein Land völliger Anarchie, des Verfalls und des Fehlens jeglicher Macht verwandelt. Unter diesen Umständen haben sich nun Oblast'-Regierungen gebildet, was unbedingt erforderlich war; ohne sie wäre es völlig unmöglich, das sich von den Bol'ševiki befreiende Russland zu regieren.

Es gibt Leute, die die Organisation der Oblast'regierungen als Separatismus bezeichnen, doch darin liegt kein Separatismus. Jene Organisationen, in deren Namen ich auftrete, verstehen sich nicht als separatistisch, sondern sie denken, dass sie einen Teil des einigen Russland bilden, und dass die autonomen Oblasti im Konzert der Weltmächte keine Rolle spielen können, wenn sie auf den Gedanken verfielen, irgendeinen kleinen separaten Staat zu bilden. Wir sind einig mit der demokratischen föderativen Republik Russland, und wir verstehen uns nur als Teil eines einigen Russland. Jene, die meinen, dass hier ein Separatismus entsteht, reden wie die Sklaven der alten Auffassung, die sich im selbstherrschaftlichen Russland angewöhnt hatten zu denken, dass die *inorodcy* Sklaven sind, und die Vertreter Großrusslands die Sklavenhalter. Von dieser Auffassung können sie nicht lassen.

Wir verstehen das völlig, aber heute muss man davon wegkommen, denn Russland ist jetzt föderativ, demokratisch und einig, und wir schließen uns dem russischen Volk an, um ein großes, glückliches Russland zu schaffen. Wir erkennen an, dass die Macht in Russland demjenigen bevollmächtigten Organ gehören soll, welches von ganz Russland auf der Basis des allgemeinen Wahlrechts gewählt wurde. Wir glauben, dass die höchste Macht in Russland bei der gewählten und einberufenen Konstituierenden Versammlung liegen sollte."

Weiter sprach sich der Führer der kasachischen Autonomisten für die Bildung einer Koalitionsregierung per Konsens ohne Diktatur der Mehrheit, mit Teilnahme eines Vertreters der Autonomien Turkestans, Kasachstans (Kirgisiens) und Baškiriens aus.[14]

Bei der weiteren Erörterung von organisatorischen Fragen der allrussischen Macht auf der Sitzung vom 14. September setzten die Mitglieder der autonomistischen Regierungen konsequent ihre gleichberechtigte Teilnahme an der Entscheidungsfindung und die Berücksichtigung der Interessen der muslimischen Völker durch. Insbesondere schlug Čokaev vor, in den Beschluss aufzunehmen, dass die Autonomien gewisse Funktionen behalten sollten, ohne Sibirien

---

[14] GA RF, f. 144, op.1, d. 1a, l. 66.

dabei besonderen Vorrang zu geben. Validov hob hervor: „Die alten Zeiten sind vorbei, Russland kann sich nur auf der Basis des Föderatismus (*federativnost'*) vereinigen. Einer Regierung, die einen anderen Weg verfolgt, können wir nicht vertrauen und werden wir nicht vertrauen. Das, was wir schon haben, soll man uns nicht wegnehmen." Auf die Schärfe der nationalen Frage und die Unabdingbarkeit einer Vertretung der Interessen der Nationalitäten in der neuen Staatsstruktur verweisend, sagte Čokaev weiter:

„Wir bilden uns nicht ein, dass unser Vertreter unbedingt ein Muslim sein muss. Die Verteidigung unserer Interessen können wir auch einer Person russischer Herkunft anvertrauen. Es ist wünschenswert, dass die nationalen Fragen allseitig und vollständig entschieden werden und das kann nur durch eine Person geschehen, die diese Frage unabhängig von ihrer Nationalität behandelt."

Bukejchanov und Validov warfen außerdem die Frage nach nationalen bewaffneten Streitkräften auf und sprachen über die Grundlagen ihrer Beziehungen zum allgemeinen Kommando der antisowjetischen Armeen.

Letztlich mussten die Nationalen auf das Prinzip der Entsendung ihrer Vertreter verzichten, was Bukejchanov auf der folgenden Sitzung bekanntgab. Čokaev, der am 19. September im Namen aller muslimischen Teilnehmer auftrat, machte ihre übereinstimmende Entscheidung bekannt, keine eigene Regierungsliste aufzustellen, sondern Kandidaten zu unterstützen, die nach ihrem Eindruck in der Lage waren, die Verwaltungsaufgaben des Landes in einem so entscheidenden Moment zu lösen, ohne den Bestrebungen derjenigen Nationalitäten zu schaden, welche sich nicht außerhalb des föderativen Rahmens des russländischen Staatsaufbaus stellten.[15] Die in Ufa gebildete einige Regierung, das Direktorium, existierte bekanntermaßen nur bis zum 18. November 1918, als der Umschwung in Omsk stattfand und die antisowjetischen Kräfte in Sibirien gesetzmäßig zur Militärdiktatur übergingen. Doch gelang es dem Direktorium, Ukase über die Auflösung aller autonomen Regierungen, darunter auch Alaš-Orda, herauszugeben.

Dennoch musste auch das diktatorische Regime A.V. Kolčaks mit regionalistischen und autonomistischen Tendenzen rechnen, die in Sibirien ihre Kraft bewahrt hatten. Seine Regierung verschob die endgültige Entscheidung über den Charakter des Staatsaufbaus Russlands auf die Zeit nach dem Sieg über die Bol'ševiki. Zunächst

---

[15] Ebda., d. 3, l. 22-23, 31, 33, 51-52, 57, 70.

wurde eine spezielle Vorbereitungskommission eingerichtet, die Fragen einer Allrussischen konstitutionellen Repräsentantenversammlung und von Repräsentantenversammlungen in den Oblasti bearbeiten sollte. Dort stellten die Vertreter von Regierungs- und gesellschaftlichen Organisationen West- und Ostsibiriens, des Fernen Ostens, der nördlichen Oblasti und auch der Alaš-Orda, ihre Entwürfe zur Föderalisierung des ehemaligen Imperiums vor. Die Alaš-Orda erreichte eine gesetzgeberische Entscheidung der Omsker Macht über die Bildung nationaler Gerichte auf dem Territorium Kasachstans, die auf der Grundlage des bürgerlichen Rechts arbeiten, aber auch die Prinzipien des kasachischen Gewohnheitsrechts berücksichtigen sollten. Außerdem hatten die Alaš-Ordincy eigene Vertreter in den Staatsorganen, die sich mit Wirtschaftsfragen u.ä. befassten.

Die Kommission hörte am 9. August die Vertreter der Alaš-Orda Tanačev, Džantjurin und Tulybaev zur Frage des Ausmaßes der Dezentralisierung der Verwaltung und der möglichen Form zukünftiger autonomer Oblasti sowie zum Charakter ihrer Vertretungsorgane. Tulybaev betonte, dass die Kirgisen (Kasachen) seit ihren Kongressen Anfang und Mitte 1917 für ein föderativ aufgebautes Russland einträten, „weil das kirgisische Volk sich für einen unmittelbaren Bestandteil Russlands, und nicht Sibiriens, hält." Auf die Frage des Kommissionsvorsitzenden A.S. Delovskij, ob es im kirgisischen Volk Autonomiebestrebungen gäbe und nach der Form der Verwaltung ihrer Territorien, antwortete er:

„Die Kirgisen wollen eine Autonomie bekommen, aber die Frage der Gestalt ist nicht konkretisiert, am wahrscheinlichsten in Form eines für das gesamte kirgisische Volk einheitlichen Vertretungsorgans. Das Bestreben sich in einer Oblast' abzugrenzen, ist in den unteren Volksschichten von dem Wunsch bestimmt, seine alltäglichen und nationalen Besonderheiten zu bewahren.

Es gibt keinerlei separatistischen Bestrebungen im kirgisischen Volk, und es denkt nicht über eine Existenz außerhalb des russländischen Staates nach. Die Kirgisen streben nur nach einer einheitlichen Verwaltung und der Vereinigung der administrativ getrennten Kirgisen des asiatischen und europäischen Russland sowie Turkestans. Wenn ein föderativer Aufbau Russlands vorstellbar ist, dann sollten die Kirgisen in eine einzige autonome Gruppe nach dem Prinzip der Nationalität eingeteilt werden. Die Bestrebungen des sibirischen Oblastničestvo sind den Kirgisen fremd, und wenn in Sibirien auch ein spezielles sibirisches

Vertretungsorgan gebildet werden sollte, dann wird das die Kirgisen nicht zufrieden sstellen."

Im Vergleich mit 1917 hatten die autonomistischen Pläne der Alaš also an Klarheit gewonnen. Sie waren nicht mehr mit der Regionalautonomie Sibiriens verbunden, sondern hatten rein nationalen Charakter und nahmen sich die politische Konsolidierung der Kasachen im Rahmen einer einigen Staatsbildung zum Ziel.

Der Vertreter des Fernen Ostens A.N. Alekseevskij lenkte die Aufmerksamkeit auf den Zusammenhang von nationaler und territorialer Autonomie, waren die Kasachen doch über neun Oblasti verteilt. Nach Auffassung Tanačevs sicherte die kompakte Siedlungsweise der Kasachen das Zusammenfallen ihrer Siedlungsgrenzen mit denen der zukünftigen Autonomie vom Altaj bis zur Wolga und im Norden bis zur Sibirischen Magistrale. Im Verhältnis zu 8 Millionen Kasachen stellten Siedler und Stadtbewohner nur 7% der Bevölkerung oder die Ural-Kosakenschaft 150.000 Personen, deshalb „wird das Territorium des gesamten kirgisischen Volkes eine einige administrative Oblast'".

Alekseevskij sah hier jedoch ein klares Aufeinanderprallen von nationalen und wirtschaftlichen Interessen. Die extensive Nomadenwirtschaft der kasachischen Viehzüchter benötige große Territorien, auf die auch Kosaken, Usbeken und russische Übersiedler einen Anspruch erhöben, außerdem bewege sich die Entwicklung in Richtung Intensivierung der Wirtschaft. Daher würden die gesamtstaatlichen Interessen der Landnutzung es erfordern, genau zu klären, ob die Kasachen das von ihnen bewohnte Territorium als ausschließlich ihnen gehörig betrachteten oder ob sie bereit wären, die Interessen der in ihrer Mitte lebenden Siedler zu berücksichtigen.

Diese Frage war in der Tat außerordentlich wichtig, davon zeugte auch der Aufstand von 1916 in Mittelasien und Kasachstan. Als würde er sich auf historische Erfahrung stützen, antwortete Tanačev, dass es gerade die Landfrage sei, die zu den kasachischen Autonomieforderungen geführt habe. In Übereinstimmung mit den programmatischen Zielen der Bewegung Alaš sprach er sich dafür aus, die Tatsachen anzuerkennen und den Umsiedlern Land zu geben. Eine weitere Kolonisierung ihres Landes würden die Kasachen aber ablehnen. In Zukunft könne man sie nur in vernünftigen Grenzen und ohne zwangsweise Enteignung der indigenen Bevölkerung, wie zur Zeit der Stolypinschen Reformen, zulassen.

„Die Kirgisen halten das Land für ihren nationalen Besitz und das vorrangige Nutzungsrecht liegt nach ihrer Auffassung bei ihnen. Nur die gesamtstaatliche gesetzgebende Macht kann die

Nutzung von überschüssigen Ländereien mit dem Ziel der Kolonisation festlegen und regeln, wobei die Verteilung des Bodens durch die örtliche Macht nach Weisungen des Zentrums zu erfolgen hat."

Dabei unterstrich Tanačev die nicht religiöse, sondern gewohnheitsrechtlich-gemeinschaftlichrechtliche Grundlage dieses Vorgehens. Außerdem sprach er sich dafür aus, nicht nur die Nomadenwirtschaft zu entwickeln, sondern auch intensive Wirtschaftsformen.

Als Ergebnis konstatierte die Kommission „eine starke Strömung zur Schaffung einer Autonomie für die bereits bestehenden großen administrativen Einheiten" und die Notwendigkeit, diese Strömung in Rechnung zu stellen, sowie die offensichtliche Wichtigkeit der Frage der Grenzen (sogar in sowjetischer Zeit, als die kasachische Autonomie begründet wurde, war dieses Problem, wie wir sehen werden, eines der wichtigsten), obwohl der Vertreter des sibirischen Oblastničestvo auf der Sitzung am 23. August die wirtschaftliche und geographische Anbindung der von Kasachen besiedelten Rayons an Sibirien betonte.

„Zu selbstständiger Existenz sind die Kirgisen nicht fähig", sagte N.N. Koz'min, „doch kann man sich vorstellen, dass ihre Vereinigung mit Sibirien zu besonderen Bedingungen erfolgt, dabei sollte auf dem Weg einer Übereinkunft auch die alte Frage des 10 Werst-Gürtels am Irtyš aus der Welt geschafft werden, die Feindschaft zwischen ihnen und den Kosaken schafft."[16]

Diese Ansprüche der Sibirjaken wurden genauso abgelehnt wie ihr Streben nach faktisch fast völliger Selbstständigkeit vom Zentrum.

Insgesamt wurde also die Frage des zukünftigen Staatsaufbaus der Nationalitäten Russlands von der Kolčak-Regierung nicht entschieden. Die militärisch-politische Niederlage der Weißen machte dann alle diese so gewissenhaft erstellten und in verschiedenen bürokratischen Instanzen erörterten Pläne und Projekte hinfällig.

Die Machtfrage in Russland wie auch der Krieg selbst waren den Roten wie den Weißen wichtiger als die Nationalitätenpolitik, das machte in dieser Zeit eine praktische Entscheidung der Fragen der nationalen Entwicklung in autonomistischer Richtung unwahrscheinlich. Erst nach dem Ende der Kampfhandlungen und der Niederlage ihrer wichtigsten Gegner konnte die bol'ševistische Führung an die Verwirklichung ihrer Losung der Selbstbestimmung der Nationen gehen.

---

[16] Ebda., f. 4707, op. 1, d.2, l. 66-68, 73, 81.

Nachdem sie eine militärisch-politische Niederlage erlitten hatten und gezwungen waren, die Bedingungen des Siegers anzuerkennen, banden die nationalen Organisationen ihre Ambitionen und Pläne eben genau an die offiziellen Deklarationen der RKP(b). Die Bewegung Alaš zerfiel und lebte nur als ideelle Strömung weiter, die sich in den konkreten politischen Schicksalen ihrer Vertreter auf verschiedenen Ebenen verwirklichte.

Kasachstan wird bol'ševistisch

Bei der Diskussion der Probleme der nationalen Bewegungen Russlands nach Ende des Bürgerkrieges und in der Periode der Bildung der sowjetischen Staatlichkeit ist es meiner Meinung nach unabdingbar, auf einige prinzipielle Aspekte der Bedeutung und Geschichte des Bol'ševismus und der UdSSR hinzuweisen. Sie betreffen die doktrinären Grundlagen von Theorie und Praxis der kommunistischen Partei in Bezug auf das Wesen und die Ziele des von ihr geschaffenen sowjetischen Staates sowie die Mittel und Fähigkeiten, mit denen die Idee einer nichtantagonistischen Gesellschaft verwirklicht werden konnte. Die bol'ševistischen Pläne waren bekanntermaßen nicht auf die Grenzen des ehemaligen Russischen Reiches beschränkt. Die Ideale der Weltrevolution verwandelten die Bol'ševiki unausweichlich in Kosmopoliten. Deshalb betrachteten sie alle nationalen Probleme als ihren Hauptzielen untergeordnet. Sie würden sich im Maße der Stärkung der Herrschaft der Diktatur des Proletariats von selber lösen, in der jegliche Ausbeutung des Menschen durch den Menschen, also auch die auf nationaler Grundlage, verschwunden sein würde.

Es besteht jedoch eine „Distanz riesigen Ausmaßes" zwischen einem jeden, vor allem aber einem derartig grandiosen Vorhaben und seiner Verwirklichung. Die Bol'ševiki verzichteten zwar, nachdem sie an die Macht gekommen waren, nicht grundsätzlich auf ihre Endziele, mussten aber ihren Kurs auch in der Nationalitätenpolitik ernsthaft korrigieren. Der offensichtliche Widerspruch zwischen ihrem nationalen Nihilismus in der Theorie und der praktischen Notwendigkeit, mit allen Erscheinungen des Nationalismus umzugehen, fand seinen Ausdruck in der Losung der Selbstbestimmung der Völker Russlands auf der Grundlage der Anerkennung der Macht der Räte und in der Einrichtung nationaler staatlicher Strukturen als Bestandteil der Russländischen Union, und der für später geplanten Weltunion, in der die Nationalitäten sich letztlich in einer Arbeitsbruderschaft der ganzen Welt auflösen würden.

Unmittelbar nach der Übernahme der Macht standen im Zentrum wie vor Ort eine Vielzahl ganz konkreter politischer, ökonomischer, sozialer, kultureller, administrativer Aufgaben auf der Tagesordnung, die das Alltagsleben der facettenreichen ethnokonfessionellen Gesellschaft betrafen. Die objektiv erforderliche Modernisierung, d.h. der Übergang auf ein neues Zivilisationsniveau, fand ihren Ausdruck in der Politik der Industrialisierung und der Kollektivierung der Landwirtschaft unter der Losung des Aufbaus des Sozialismus. Hierher gehörte auch die Aufgabe, die allseitige Gleichheit der Völker der UdSSR zu erreichen, als einen Schritt auf dem Weg zur Ausradierung der nationalen Unterschiede überhaupt. Durch das Aufblühen nationalen Lebens wollte man zur Auflösung der einzelnen Nationen in eine einige kosmopolitische homogene sowjetische Gemeinschaft gelangen, in der das Gefühl der sozialen Gleichheit und nicht die nationale Identität Priorität haben sollte.

In der Geschichte des kasachischen Autonomismus kam dies in der Bildung der sowjetischen Autonomie im Rahmen der RSFSR im Jahr 1920 zum Ausdruck. Mit der Anerkennung der neuen Macht unternahmen die Vertreter der Alaš in der Zeit der Vorbereitung und Ausgestaltung des Status und der Grenzen der nationalen Staatlichkeit ein Höchstmaß an Anstrengungen zur Realisierung ihres ersehnten Zieles, der Sammlung des traditionell von Kasachen bewohnten und landwirtschaftlich genutzten Landes zu einem einigen Ganzen. Dies um so mehr, als ihre Interessen formal mit den kurzfristigen Interessen der bol'ševistischen Führung zusammenfielen. Die politische Realität bot aber keinen Anlass für Optimismus: Das Verhalten der Agenten des Zentrums in Kasachstan und anderen nationalen Randgebieten war durchdrungen von Geringschätzung und Desinteresse an nationalen Besonderheiten, kriegskommunistischem Zwang und einem deklaratorischen Verhältnis zum Prinzip der Föderalismus.

Es war daher kein Zufall, dass die Fraktion des KirVRK ihre Delegierten für den 9. Parteitag der RKP(b) im März 1920 beauftragte, darum zu bitten,

„praktische, reale Garantien der Selbstbestimmung der Völker und der autonomen Kirgisischen, Baškirischen, Turkestanischen u.a. Republiken festzusetzen und die kurzsichtige, nicht selten provokativ-höhnische Taktik der örtlichen Gouvernements-Uezd-Imperialisten zu verurteilen ... Mit Nachdruck sind alle benachbarten Gubkoms und russischen Parteiorgane in den autonomen Territorien auf die Notwendigkeit hinzuweisen, Kooperation statt Widerstand zu üben, das Anheizen von Streitigkeiten durch

Unterstützung unter Genossen und Zwietracht durch Zusammenarbeit mit den fortschrittlichsten Elementen der rückständigen Völkerschaften zu ersetzen ... die Erklärung des Kirrevkom ist zu beachten, nach der die weitere landwirtschaftliche Kolonisation des Kirkraj unzulässig ist, künftig auf die vollständige Landnutzung durch die gesamte einheimische Bevölkerung, ganz und gar ausgerichtet auf eine industrielle Kolonisation hinzuwirken ... entsprechend den ökonomischen Bedürfnissen der ganzen Föderation und des Kirkraj ... zu bestätigen, dass die gesamtföderative Produktions- und Ernährungspolitik in den autonomen Territorien durch die örtlichen Sovnarchozy und Komprody (Komitees für Lebensmittel, D.A.) in erster Linie zur Befriedigung der Bedürfnisse der örtlichen Bevölkerung durchgeführt werden soll ... dass das Zentrum unbedingt beste Spezialisten mit breitem Horizont entsenden muss... das unveräußerliche Recht der autonomen Republiken, selbstständig die Parteiarbeit in den Grenzen ihrer Territorien zu organisieren ... unter unmittelbarer Führung des CK anzuerkennen ..."[17]

Gleichzeitig suchte die Führung des Landes nach optimalen Lösungen für die vielen Probleme, vor denen sie stand: die riesigen zentralasiatischen Regionen zu verwalten, sie zu sowjetisieren und unter Kontrolle zu halten, während gleichzeitig die nationalen Massen und ihre Führer der neuen Macht fremd gegenüber standen; denn diese hatte sich durch unzählige Exzesse der kriegskommunistischen Politik besudelt. Dies ist in dem alarmierenden Sendschreiben der Mitglieder der Turkkomissija, des VCIK und SNK V.V. Kujbyšev, M.V. Frunze, D.S. Gopner und F.I. Golščekin vom 5. Juni 1920 an Lenin und die Mitglieder des CK RKP(b) und an das Präsidium der VCIK klar zu erkennen:

„Falls Gedanken über die Bildung einer Turkmenischen, Usbekischen und Kirgisischen nationalen Republik in der nahen Zukunft zu irgendwelchen konkreten Taten führen sollten, halten wir es für notwendig, kategorisch vor derartigen Gedanken zu warnen und zur Vorsicht zu mahnen. Sie wurden in der Turkkomissija unter Teilnahme Eliavas und Rudzutaks erörtert; gedacht waren sie als Gegenvorschläge gegen die klar panislamistischen Bestrebungen der Oberen der muslimischen Intelligenz und der sie unterstützenden Vertreter des Handelskapitals und der Geistlich-

---

[17] RGASPI, f. 17, op. 65, d. 270, l. 146. Siehe auch: Iz istorii sozdanija partijnogo centra v Kazachstane. Dokumenty i fakty, in: Partijnaja žizn' Kazachstana, 1990/9, S. 36-37.

keit. Die Entscheidung über die Republiken muss die allerletzte Maßnahme sein, die man ergreift, wenn alle anderen Mittel erschöpft sind, sie sollte aber auf keinen Fall Losung des Tages sein. ... Im Augenblick durchlebt Turkestan einen Zustand von Erregung, und es gibt viele Ansatzpunkte, die Sympathien der breiten muslimischen werktätigen Massen zu gewinnen. Eine plötzliche Durchführung des Schreibens über die Republiken, wo wir sogar für die Betreuung eines einheitlichen Turkestan nicht über genügend Kräfte verfügen, würde großes Chaos in die ganze turkestanische Arbeit tragen und unzweifelhaft den negativen nationalistischen Eliten aller Republiken in die Hände spielen, ..."[18]

Auf diese Weise zog es die bol'ševistische Führung vor Ort, oft ohne ihren politischen Zynismus zu verbergen, übergangsweise vor, die Losung der nationalen Selbstbestimmung als Banner zu nutzen, das in unkonkreten Grenzen von einer hellen Zukunft kündete.

Bekanntermaßen nahm ein Teil der Alaš-Ordincy anfangs aktiv an der Arbeit der Republiks- und lokalen Machtorgane teil, wo sie ihre politische Orientierung auf reale Selbstbestimmung im Rahmen der sowjetischen Gesetzgebung fortsetzten. Allerdings machte sich die offensichtliche Unzulänglichkeit des neuen Verwaltungssystems bemerkbar. Sie beruhte auf der einen Seite vor allem auf mangelnden Ressourcen und fehlender Erfahrung bei den nationalen Führern, auf der anderen Seite auf einem Defizit an vom Zentrum zu ihrer Unterstützung entsandten kompetenten Kadern. Das war in gewisser Weise der eigentümliche Preis für den Versuch, auf revolutionäre Weise eine Zivilisationsstufe zu überwinden, wo eine weniger schmerzhafte Transformation schon Anstrengungen von mehr als einer Generation erfordert. Die Anfangszeit der Umsetzung der Politik der nationalen Gleichheit zeichnete sich durch objektive Widersprüche und den Kampf zwischen den politischen Zielen der Bol'ševiki und den vorhandenen politischen Mechanismen zu ihrer Verwirklichung aus. Dem muss man die unzähligen Versuche der in der Bewegung Alaš geprägten kasachischen Intelligenz hinzufügen, ihre zweifellos hohe Autorität bei den Massen und ihre intellektuellen wie organisatorischen Möglichkeiten für ihre eigenen politischen Ziele zu nutzen.

Das Schicksal des kasachischen Autonomismus, wie auch der gesamten vorrevolutionären nationalen Elite, wurde durch den nationalkommunistischen Kurs der Bol'ševiki bestimmt. War der GULag

---

[18] GARF, f. 1235, op. 93, d. 582, l. 244-246.

(Glavnoe Upravlenie Lagerej NKVD), der in den 30er Jahren auftauchte, schon von Anfang an eines der grundlegenden Instrumente zur Errichtung einer neuen Weltordnung oder war er erst Ergebnis des verschärften Kampfes um die Macht, der Suche der Bol'ševiki nach dem optimalen Weg zum Endziel? Es ist vorstellbar, dass letzteres ziemlich rasch in ersteres hinüberwuchs. Der Kampf um die soziale Einheit der Gesellschaft und die Bestätigung der neuen Ideologie war ohne Zweifel begleitet von einer Unterdrückung des nationalen Selbstbewusstseins und der nationalen Kultur. Obwohl ihr äußeres Erscheinungsbild – allerdings ausschließlich in kommunistischer ideeller Verpackung – begrüßt wurde und man die vielen sichtbaren Erfolge der Modernisierung der Völkerschaften der UdSSR unbedingt in Rechnung stellen muss, verlief das ethnische Leben der sowjetischen Menschen vielfach im Verborgenen und in einer deformierten Art und Weise.

Kommen wir nun ausführlicher zur konkreten Geschichte der Bildung der kasachischen Staatlichkeit nach Beendigung des Bürgerkrieges. Die Schaffung sowjetischer Autonomien fand von 1918 bis in die dreißiger Jahre hinein statt, aber eine der wichtigsten Etappen der Geburt der Föderation fiel in die Jahre des Bürgerkrieges. In dieser Zeit gelang es der RKP(b) und den sowjetischen Machtorganen, die wichtigsten Gruppen und Organisationen, die die nationalen Bewegungen der russischen Völker auf der Grundlage der Verkündung des Prinzips der nationalen Selbstbestimmung unter der Bedingung der Anerkennung der Macht der Sowjets repräsentierten, entweder einzubeziehen oder zu unterdrücken. Am Ende des Jahres 1920 schloss die RSFSR ca. 20 autonome Einheiten ein, die von nichtrussischen, in den meisten Fällen muslimischen Völkern bewohnt wurden. Im Sommer 1920 wurden namentlich die Baškirische, Tatarische, Kasachische (bis 1925 wurde sie noch Kirgisisch genannt) und Daghestanische Autonome Republik sowie die Autonome Republik der Bergvölker des Nordkaukasus gebildet, außerdem eine Reihe von autonomen Oblasti.

Der Prozess der Formierung nationalstaatlicher Gebilde im Rahmen der Russländischen Föderation ist in der aktuellen wissenschaftlichen Literatur vielfach beschrieben.[19] Dennoch besteht

---

[19] Siehe z.B.: , A.P. Nenarokov, K edinstvu raznych: Kul'turnye faktory ob"edinitel'nogo dviženija sovetskich narodov, 1917-1924, Moskva 1991; R.G. Abdulatipov, L.F. Boltenkova, Ju.F. Jarov, Federaliszm v istorii Rossii, Moskva 1992; O.Ju. Kuzivanova, Aktual'nye problemy stanovlenija i razvitija komi nacional'noj gosudarstvennosti (1917-1930-e gg.), Syktyvkar 1992; I.S. Nureev, Rol' obščestvennych dviženij i

weiterhin die Notwendigkeit, den Ablauf der Schaffung des sowjetischen Föderalismus noch weiter im Detail zu erforschen. So lassen sich Mechanismen des national-staatlichen Aufbaus und der Modernisierungsprozesse in den zentralasiatischen Ländern zu Beginn des Jahrhunderts aufdecken, deren Aktualität bis zum heutigen Tag nicht geschwunden ist. Sie sind Gegenstand scharfer Diskussionen zwischen Gelehrten und Politikern. Weiter erlaubt es diese Forschung, dem Schicksal der nationalen Intelligenz, ihrer Rolle im Staatsbildungsprozess und ihrem Verhältnis zur Macht unter den Bedingungen einer tiefen gesellschaftlichen Transformation nachspüren.

Im Jahr 1919, als die Alaš-Ordincy sich durch die Zusammenarbeit mit den Weißen befleckt und gemeinsam mit ihnen eine militärisch-politische Niederlage erlitten hatten, war ihr Übertritt auf die Seite der Sowjets durch die Bedingungen des Siegers diktiert. Außerdem überdachte eine Reihe von nationalen Führern (A. Bajtursynov u.a.) ihre ideologische Position und verbanden ihr Schicksal mit der RKP(b). Sie hofften zutiefst, dass das Prinzip der Selbstbestimmung des kasachischen Volkes in einem föderativen sowjetischen Russland zu verwirklichen sei.

Es ist offensichtlich, dass dieses Motiv entscheidend für die Mehrheit der kleinen kasachischen Elite war, die im November 1919 amnestiert und bald danach durch einen Prikaz des außerordentlichen Organs zur Verwaltung des Kraj – dem Kirgisischen militärisch-revolutionären Komitee KirVRK – zum staatlichen Aufbau herangezogen wurde. (Bis 1925 wurden die Kasachen als Kirgisen bezeichnet.) Das VRK war natürlich in vielem eine nominelle Macht. Faktisch lag die Verwaltung bis zum Ende der Kampfhandlungen bei den führenden Organen der Turkestanischen Front und dann bei den Parteistrukturen, unter denen die aus dem Zentrum abkommandierten Bol'ševiki eine führende Rolle spielten. Im Laufe des März/April 1920 wurde das Oblast'büro der RKP(b) im Kirgisischen Kraj gebildet, einer der wichtigsten Führer dort war S.S. Pestkovskij. Er war zuvor Stellvertreter des Volkskommissars für Nationalitäten I.V. Sta-

---

političeskich partij nacional'nych rajonov Povolž'ja v nacional'no-gosudarstvennom stroitel'stve v 1917-1920 gg. (Na materialach Baškortostana i Tatarstana), SPb 1993; A.A. Elaev, Burjatija: Put' k avtonomii i gosudarstvennosti, Moskva 1994; D.A. Amanžolova, Kazachskij avtonomizm i Rossija. Istorija dviženija Alaš (1905-1920 gg.), Moskva 1994; Nacional'naja politika Rossii: Istorija i sovremennost', Moskva 1997 u.a.

lin gewesen und von Juli 1919 bis Juli 1920 Vorsitzender des KirVRK.

In der Tätigkeit des VRK tauchten sofort die für die Zeit des Kriegskommunismus typischen Probleme auf – Bevorzugung von außerordentlichen Lösungen (*črezvyčajščina*) und nacktes Administrieren, Unkenntnis und Ignoranz gegenüber nationaler Spezifik u.a. Auf der 1. Allrussischen Beratung der Vertreter der autonomen Republiken und Oblasti und der Gubotdely für nationale Angelegenheiten in Moskau vom 8. bis 21. Dezember 1920 erinnerte der Vorsitzende des CIK der KASSR S. Mendešev daran:

„1919 nach der Säuberung der kirgisischen Oblast' von Kosaken und Weißgardisten und von Kolčak wurde das Militärischrevolutionäres Komitee zur Verwaltung des Kirgisischen Kraj organisiert. Dorthin wurden Personen entsandt, die absolut nicht für die Arbeit im kirgisischen Volk geeignet und in keiner Weise dafür vorbereitet waren ... So ist zum Beispiel die Arbeit der Ernährungsorgane von solcher Unsinnigkeit, dass die Kirgisen als Pflichtablieferung Schweine geben sollen."[20]

Dennoch wurde das VRK, dem mit Dekret vom 10. Juli 1919 die Oblasti Semipalatinsk, Akmola, Turgaj, Ural und die Bukeevsche Horde unterstellt wurden, aufgerufen, sich sowohl mit Alltagsfragen im Leben des Kraj zu beschäftigen als auch mit der Einberufung eines allkasachischen Kongresses zur Einrichtung der sowjetischen Autonomie. Hier muss daran erinnert werden, dass im Februar 1920 ein Erlass des VCIK veröffentlicht wurde, in dem „die Herstellung normaler Beziehungen zwischen der RSFSR und den ihr beitretenden autonomen Sowjetischen Republiken und der nichtrussischen Nationalitäten generell" als eine der wichtigsten Aufgaben definiert wurde, und die Schaffung einer Kommission „für die Bearbeitung von Fragen des föderativen Aufbaus der RSFSR" bekannt gegeben wurde.[21] Die Vorbereitung der Konferenz begann in den von den Weißen befreiten westlichen Territorien Kasachstans bereits im Frühjahr 1919 durch die Kräfte der vom Narkomnac gebildeten Initiativgruppe unter Führung des Kriegskommissars für kirgisische Angelegenheiten M. Tungančin.[22]

---

[20] GA RF, f. 1318, op. 1, d. 637, l. 74-75.

[21] Izvestija VCIK, 17.7.1919; Žizn' nacional'nostej, No. 6, 15.2.1920.

[22] GA RF, f. 1318, op. 11, d.2, l. 4, 10; op. 1, d. 44, l.1; Izvestija VCIK, 6.4. 1919.

Der allmählich beginnende Übergang der Führer der Alaš-Orda auf die Seite der Sowjetmacht bildete – bei garantierter Immunität – die Grundlage für ihre Einladung auf diese Konferenz. Die Konferenz, die abhängig von der Kriegslage für Ende Mai in Orenburg, Ural'sk, Aktjubinsk oder Chanskaja Stavka (administratives Zentrum der Bukeevschen Horde, bis 1918 Urda) geplant war, sollte die Autonomie ausrufen, die Regierung wählen und „unaufschiebbare Lebensfragen des Kraj" beraten. Fragen der Grenzen, des Wappens und der Verfassung der „Kirgisischen Sozialistischen Föderativen Sowjetrepublik" sollten nach der Zusammenkunft vom CIK und einer speziellen Kommission unter Beteiligung von Vertretern aller Oblasti entschieden werden. Auch die Frage der Hauptstadt der Republik wurde erörtert – im Gespräch waren Orenburg, Aktjubinsk oder der Haltepunkt Berčagur an der Taschkenter Eisenbahnstrecke.[23]

Ungeachtet der Tatsache, dass die Entscheidungen sich vor allem wegen der unsicheren militärischen Lage als nicht realisierbar erwiesen, waren sie doch bezeichnend. In die Initiativgruppe gingen nur Vertreter der kasachischen Intelligenz, die offensichtlich die hier gebotene Möglichkeit zur maximalen Verwirklichung ihrer staatlichen Ambitionen ausnutzen wollte, davon zeugt bereits der Vorschlag über die Benennung der Republik. Es wurde beschlossen „Vertreter konterrevolutionärer Regierungen, insbesondere der Alaš-Orda" mit vollem Stimmrecht in die Organisationskommission der Konferenz aufzunehmen. Zur gleichen Zeit wurde in Verbindung mit der Einberufung der Konstituierenden Versammlung allen ehemaligen oder gegenwärtigen Mullahs und auch Personen, die am Tag der Wahlen die Tätigkeit eines Mullahs oder Muezzins in einer Moschee versahen, ehemaligen Volost'-Verwaltern, Aul- oder Volost'-Ältesten, Volksrichtern, Sekretären der ehemaligen Umsiedlungskontore, der Oblast'- und Uezd-Polizeiverwaltung, Dorfältesten, den Volost'-Richtern und den Dienstgraden der Miliz der Provisorischen Regierung, allen Vertretern und Mitgliedern der Oblast'-, Uezd- und Volost'-Zemstvoverwaltungen, Kulaken, Spekulanten, Wucherern, Geisteskranken, Verurteilten, Personen, die sich unter Anklage oder im Untersuchungsverfahren befinden und allen Mitgliedern konterrevolutionärer Regierungen das Wahlrecht versagt.[24]

---

[23] Izvestija VCIK, 6.4.1919, GA RF, f. 1235, op. 94, d. 64, l. 38, GASO, f. 72, op. 1, d. 18, l. 303.

[24] E. Fedorov, Učreditel'nyj s"ezd Sovetov KASSR, in: Bol'ševik Kazachstana, 1935/9-10, S. 98; Učreditel'nyj s"ezd Sovetov Kirgizskoj

Diese gewisse Doppelzüngigkeit der Positionen ist völlig erklärlich, um so mehr, als man im Zentrum offensichtlich recht wirre Vorstellungen über die wirkliche Stimmung sowohl der nationalen Massen als auch ihrer Eliten hatte. So meldete die Kommission des Ural'skij Oblast'-Revolutionskomitees, die auch zur Vorbereitung der Konferenz hinzugezogen war, Anfang April 1919, dass die kasachische Bevölkerung in der Bukeevschen Steppe

„nicht nach Klassen-Merkmalen geschichtet ist ... Irgendwelche Einteilungen in politische Gruppen gibt es nicht. Die Intelligenz aber, die bestimmt die Wahlen zur allkirgisischen Konferenz gewinnen wird, zeichnet sich durch Taktgefühl, Vernunft aus, ...es sind verweichlichte, aber ehrliche Bourgeois."[25]

Ganz anders beurteilte ein offener Gegner der Alaš-Ordincy, der erste kasachische Bol'ševik und außerordentliche Kommissar des Stepnoj Kraj A.T. Džangil'din, die Situation. In einem an V.I. Lenin, M.I. Kalinin, I.V. Stalin, L.D. Trockij, M.V. Frunze u.a. gerichteten Brief wies er im voraus auf die Notwendigkeit hin, dem Kraj Autonomie ausschließlich auf sowjetischer Grundlage zu geben. Indem er auf den „ursprünglichen Lebensstil der Bevölkerung, ihre unzweifelhafte Unwissenheit, Unbildung, patriarchalische Verwaltungsweise durch Aksakale, die unzweifelhafte Religiosität der muslimischen Bevölkerung, die an Fanatismus grenzt", hinwies, schlug er vor „die Ansprüche unserer Gegner zu paralysieren, die ja die gleichen Prinzipien hochhalten" (wobei er die Alaš-Ordincy im Blick hatte). Dafür wollte er in der ersten Zeit die Einmischung in Religionsangelegenheiten ausschließen, Aksakale in den Ortssowjets zulassen und „sie auf die allervorsichtigste Weise filtern". Nebenbei bemerkt, Džangil'din hatte sich noch vor der Revolution taufen lassen und erhielt vom Volk daraufhin den Spitznamen „čokunči" (anormal).

Im Zusammenhang mit den Misserfolgen der Roten Armee bei Ufa, Orsk und Orenburg sprach er auch die Befürchtung aus, dass „im Falle eines Abzugs der Armee von Seiten des Zentrums der ganze Kirgizskij Kraj und sogar Turkestan unzweifelhaft dem Untergang geweiht seien" und die Stimmung der Massen sich nicht zugunsten der Sowjetmacht ändern werde.[26] Die widersprüchliche Entwicklung der Kampfhandlungen, die ungefestigte Autorität der neuen Macht bei den

---

(Kazachskoj) ASSR. 4.-12. Oktober 1920. Protokoly, Alma-Ata, Moskva 1936, S. XXI; GA RF, f. 1318, op. 11, d. 6, l. 16, 21, 20 ob.

[25] GA RF, f. 1235, op. 94, d. 64, l. 38 ob.

[26] GA RF, f. 130, op. 3, d. 601, l.41-43.

Massen und die nur bedingt loyale und abwartende Position der Intelligenz verschob die Einberufung der Konferenz auf unbestimmte Zeit. Ende Mai/Anfang Juni 1919 nahm aber die Organisationskommission an der Arbeit der 3. Konferenz der Räte der Bukeevschen Horde teil, wo Tungančin mit einem Bericht über die Einberufung der allkasachischen Konferenz auftrat und die Delegierten gewählt wurden.[27]

Die weiteren Ereignisse, vor allem die Lage im KirVRK, verlangten vom Zentrum, die Aufmerksamkeit stärker auf die zukünftige Autonomie zu richten. In diesen Tagen standen die Probleme der gegenseitigen Beziehungen zwischen den aus dem Zentrum entsandten und den örtlichen, aus der kasachischen Bevölkerung stammenden Mitgliedern des VRK an erster Stelle. Diese hatten sich ja nicht nur in persönlichen Ambitionen gezeigt, sondern hier wurden auch Fragen aufgeworfen, die vor allem in ihren langfristigen Konsequenzen von Bedeutung waren. Hierzu gehören Grenzfragen und die Frage der Hauptstadt der neuen Republik, aber auch Fragen des Zusammenwirkens, der Vollmachten und des Status der militärisch-politischen, administrativ-territorialen und der Parteiorgane, die in die Vorbereitung der Staatsbildung einbezogen waren. Kasachstan ist bekanntlich der einzige Staat im postsowjetischen Raum, der im Laufe seiner Geschichte bis heute vier verschiedene Hauptstädte hatte – ohne die 1918 zwar ausgerufene, aber nicht anerkannte Alaš-Autonomie mit Zentrum Semipalatinsk.

Am 10. September fand eine Zusammenkunft des Orenburger VRK mit den verantwortlichen Mitarbeitern des KirVRK und Vertretern des RVS der Turkfront, des RVS und der politischen Abteilung der 1. Armee statt, auf der die Vereinigung Orenburgs mit Kasachstan erörtert wurde, was eine der erwähnten Grundsatzfragen war. Der Vorsitzende des KirVRK S.S. Pestkovskij, der die Meinung des Zentrums vertrat, sprach sich in seinem Vortrag für eine solche Lösung aus, die Vertreter Orenburgs A. Korostelev, I. Martynov und sechs weitere Teilnehmer der Treffens waren dagegen. Sie hielten es im Gegenteil für notwendig, die Ural-Oblast' und den Aktjubinskij Uezd der Oblast' Akmola, die vorwiegend von Russen bewohnt waren, mit dem Gouvernement Orenburg zu vereinigen. Die Regierung der neuen Autonomie sollte nach ihrem Vorschlag „in den Tiefen Kirgisiens" angesiedelt sein.

---

[27] Ebda., f. 1318, op. 11, d. 19, l. 1.

Dem Wesen nach, aber aus völlig anderen Motiven, unterstützten die Mitglieder des KirVRK A. Bajtursynov, S. Mendešev und M. Tungančin diese Position. Bajtursynov, der in ihrer aller Namen auftrat, protestierte kategorisch gegen die Vereinigung Orenburgs mit Kasachstan und noch heftiger gegen seine Ernennung zum administrativen Zentrum der Republik. Er erklärte, dass der kasachische Teil der VRK an der Abstimmung nicht teilnehmen werde. Die kasachischen Teilnehmer sähen in diesem Vorschlag den Versuch, die Selbstständigkeit der Autonomie zu mindern. Die Vertreter Orenburgs I. Kaširin, Zdobnov und andere versuchten dagegen zu beweisen, dass es mit Orenburg als Hauptstadt des Kraj leichter sein würde, das russische Kulakentum Kasachstans zu bekämpfen.[28] Dieses Argument klang für die nationalen Eliten wenig überzeugend. Sie kannten die tiefen Widersprüche zwischen der kasachischen Bevölkerung und dem Kosakentum gut und wussten auch vom „nichtlegitimen" Status der fremden russischen Stadt als Hauptstadt im nationalen Bewusstsein der Massen. Sie fürchteten gleichzeitig die offensichtlich eintretende Schwächung ihres eigenen Einflusses auf die Entscheidung der wichtigsten Verwaltungsfragen, wenn das Zentrum in eine Stadt käme, die traditionell die Rolle eines Vorpostens der Metropole gespielt hatte.

Andererseits stellte Orenburg als Hauptstadt für Moskau aus einer ganzen Reihe von Gründen die zu bevorzugende Variante dar. Erstens schnitt eine solche Lösung die, vom Standpunkt des Zentrums aus gesehen, unzuverlässige nationale Elite vom unmittelbaren Kontakt mit den Massen ab und erleichterte ihre Kontrolle. Praktisch direkt nach der Bildung des KirVRK im Juli 1919 schrieb Stalin in einer Notiz an E. Stasova im Orgbüro des ZK der Partei u.a.: „Nach meiner Meinung soll Bajtursynov im Revkom bleiben. Ich hielt und halte ihn nicht für einen kommunistischen Revolutionär oder Sympathisanten, dennoch ist seine Mitgliedschaft im Revkom unerlässlich."[29] Zweitens sollte eine Hauptstadt objektiv betrachtet in einem städtischen Zentrum liegen, das über die erforderliche Infrastruktur und Kader sowie ein organisatorisches, finanzielles, produktives, materiell-technisches usw. Potenzial verfügt. Außerdem untergrübe eine Vereinigung des Gouvernements Orenburg mit der kasachischen Autonomie die Pfeiler

---

[28] N. Timofeev, Bor'ba Kazachskoj partijnoj organizacii na dva fronta s uklonami v nacional'nom voprose v 1919-1920 gg. (K 15-letiju obrazovanija oblastnogo bjuro RKP(b) v Kazachstane), in: Bol'ševik Kazachstana 1935/9-10, S. 74-75.

[29] GA RF, f. 1318, op. 11, d. 2, l. 22.

der kosakischen Selbstständigkeit, die dem Zentrum ein Dorn im Auge war.

Städte solchen Typs gab es auf dem gesamten Territorium Kasachstans praktisch nicht, außer Semipalatinsk, der Heimat der Bewegung Alaš und Hauptstadt der nicht anerkannten Autonomie der Alaš 1918–1919. Eben deshalb, aber auch aus anderen Gründen schien es als Hauptstadt eindeutig ungeeignet. (Übrigens ist es kein Zufall, dass die Führung der heutigen, unabhängigen Republik Kasachstan in den 90er Jahren des 20. Jh. bei der Zusammenlegung administrativ-territorialer Einheiten nicht die Heimat des kasachischen Nationalismus zum Zentrum der Nordost-Region machte, sondern das über ein großes Industriepotenzial verfügende Ust'Kamenogorsk, obwohl dort die Vertreter der russischen Gemeinde und der Kosakenschaften eine aktive und mehrdeutige Rolle spielten.)

So oder so erforderte der Konflikt die direkte Einmischung des Zentrums. An einer Zusammenkunft des Orenburger Gubkom der Partei, des Gubispolkom, des Oberkommandos der Turkfront und der 1. Armee und der verantwortlichen Mitarbeiter für baškirische und kirgisische Fragen am 20. September nahm auch der Vorsitzende des VCIK M.I. Kalinin teil. Die Orenburgischen Vertreter waren gezwungen, die Fehlerhaftigkeit ihres Protestes gegen die Moskauer Vorschläge anzuerkennen, jedoch setzte sich Bajtursynov konsequent für die Interessen einer vom Standpunkt seiner Gruppe vollwertigen nationalen Selbstbestimmung ein. Vollkommen zu Recht wies er darauf hin, dass die Parteizusammenkunft nicht befugt sei, die zukünftigen Grenzen der autonomen Republik festzulegen, und verzichtete wieder auf eine Stimmabgabe. Als Antwort kam aus dem Munde des Leiters der Linie des Narkomnac Pestkovskij folgende Offenbarung: „Jetzt sehen wir den halbverdeckten Kampf der Mitglieder des Revkom Bajtursynov und Tungančin, jetzt kann man schon den gefährlicheren dieser Gauner beseitigen ..." Als Resultat beauftragte die Zusammenkunft den Teilnehmer Akulov, einen Bericht über die Lage in Kirgisien für das Zentrum vorzubereiten, und beschloss, Orenburg als administratives Zentrum der zukünftigen Republik festzulegen.[30]

Die Frage der Grenzen der Autonomie war, wie man zugeben muss, eine der schwierigsten. Wenig später, im Dezember 1919, schuf die VII. Allrussische Rätekonferenz eine spezielle administrativ-territoriale Kommission zur Festlegung neuer örtlicher Grenzen und zur Sicherung der so wichtigen ökonomischen Vereinigung russischer

---

[30] Timofeev, wie Anm. 22, S. 83.

Regionen.³¹ Der Prozess der Neueinteilung selbst enthüllte jedoch den Widerspruch zwischen der objektiv erforderlichen Einheit, unter anderem auch um die reale Gleichheit der Völker zu erreichen, und den national-staatlichen Abtrennungsambitionen der Randgebiete. Praktisch gleichzeitig mit der Durchführung dieser ersten Zusammenkunft waren die kasachichen Mitglieder im KirVRK gezwungen, einen weiteren Konflikt mit dem Zentrum um Territorialfragen auszufechten. Obwohl der Kustanajskij Uezd durch ein Dekret des SNK der RSFSR dem KirVRK zugeordnet worden war, traf das Präsidium des VCIK Anfang September die Entscheidung, ihn zum Rajon Čeljabinsk zu schlagen.

Das KirVRK sandte am 6. September eine Protestnote an die Regierung, den es sowohl formal (mit dem Dekret des SNK) als auch politisch-ökonomisch begründete. In dem an die Erklärung angehängten ausführlichen Bericht A. Bajtursynovs wurden die Besonderheiten der nomadischen Lebens- und Wirtschaftsweise der Kasachen erklärt, die die Europäer schlecht verständen, so daß es nach ihrer Meinung „nichts ausmache, den Kirgisen das sinnlose Herumstrolchen in der Steppe zu verbieten und sie an den Boden zu binden." Das Leben des Nomaden, erklärte der Autor, der sich offensichtlich an analoge Bittschriften zu diesem Thema erinnerte, die von ihm und Gleichgesinnten an die zaristische Regierung gesandt worden waren, befindet sich in „völliger Abhängigkeit von Klima- und Bodenbedingungen der Steppe". Deshalb

„beachten Nomaden keinerlei administrative Grenzen, denn ... nach dem Gewohnheitsrecht, dem die verschiedenen Sippen unterliegen, können die Grenzen nicht nur durch Volosti und Uezdy, sondern auch durch Oblasti gehen. Die nomadische Wanderung verläuft in eine für jeden Aul streng festgelegte Richtung zu einem definierten Ort."

Die Viehwirtschaft der nördlichen und südlichen Uezdy kann nur gemeinsam existieren.

„Die Sommerweiden im Norden zu sperren, d.h. den Menschen aus dem Süden die nördlichen Uezdy zu verbieten, bedeutet, ihnen die Möglichkeit zu nehmen, mit ihrer Viehwirtschaft zu existieren; d.h. den Kirgisen die Existenzmöglichkeit nehmen, was die Verwirklichung des Wunsches von Markov 2 sein könnte, der in der Staatsduma vorgeschlagen hatte, ‚mit den Kirgisen umzugehen wie

---

³¹ S"ezdy Sovetov RSFSR v postanovlenijach i rezoljucijach, Moskva 1939, S. 152.

mit den Indianern in Amerika', d.h. sie zwecks Aussterben auf gesetzlicher Grundlage auf einem Territorium zu konzentrieren".

Bajtursynov drückte die Überzeugung aus, dass unter der Sowjetmacht derartige Vorschläge nicht angenommen würden, deshalb sei der Anschluss des Uezd Kustanaj an den Rajon Čeljabinsk ein durch ein Missverständnis hervorgerufener Fehler.

Zu den weiteren ökonomischen Gegebenheiten, die man in Rechnung stellen musste, zählte er unter Angabe konkreter Zahlen das Problem der Getreideversorgung der Bevölkerung der Turgajskaja Oblast' und aller Nomadenwirtschaften der Syr-Dar'inskaja Oblast'. Um seinen Argumenten größere Überzeugungskraft zu verleihen, nahm er auch Bezug auf einen Beschluss einer Konferenz von Veterinären der Turgajskaja Oblast' und des Gouvernements Orenburg aus dem Jahr 1912 über den Schutz der bestehenden Weideplätze sowie auf eine Entscheidung des Staatsrates, der bei der Erarbeitung des Projektes des Stepnoe položenie 1891 den Vorschlag der Kommission des Senators Plehwe ablehnte, die Uezdy Aktjubinsk und Kustanaj administrativ mit dem Gouvernement Orenburg zu vereinen.

„Wenn schon der bürokratische Staatsrat sich zu diesem Schritt, der vernichtend für die nomadische Bevölkerung des ganzen Rajons und seine Nomadenwirtschaft gewesen wäre – diese hatte zum damaligen Zeitpunkt infolge der allgemeinen Verringerung der Viehzahlen in Russland außerordentlich große staatliche Bedeutung – nicht entschließen konnte, dann kann ich mir nicht vorstellen, dass die gewählten Volksvertreter der Sowjetmacht sich bewusst dazu entschließen werden,"

schloss er. Dennoch blieb die Frage der Kustanajskaja Oblast' bis Ende 1919 offen.[32] Zusammen mit der Entscheidung über die Frage der Hauptstadt konnte diese Situation die Nationalen, die schon wenig erfreuliche Erfahrungen im Verhältnis zum Zentrum gemacht hatten, nur enttäuschen und zur Vorsicht mahnen. Einem Zentrum, das 1917 bis 1919 mitunter auch an direkt gegensätzliche politische Kräfte fiel, die sich aber in ihrem Misstrauen gegenüber den Randgebieten erstaunlich ähnlich waren.

In dieser Zeit wurden Maßnahmen zur Entlassung M. Tungančins ergriffen. Auf Initiative S.S. Pestkovskijs und V.L. Lukaševs (Mitglied des KirVRK) wurde er unter der Beschuldigung verhaftet, konterrevolutionäre Intelligenzler für verantwortliche Posten ausgewählt, die „SR-men'ševistische" Organisation „Žiger" unterstützt und

---

[32] GA RF, f. 1318, op. 11, d. 6, l. 35, 36-37 ob., 103.

die Parteiorganisation Urdy in ihrer Tätigkeit behindert zu haben usw. Lukašev telegraphierte Anfang Oktober an das Kommando der Turkfront: „Die Angelegenheit Tungančin ist politisch und erfordert daher Geheimhaltung, was Ihnen aus der formalen Überstellung des Haftbefehls im Namen der Front, also in Ihrem Namen und nicht dem des Kirrevkom, klar sein sollte..." Die Organisatoren der Angelegenheit bemühten sich, die Rolle, die sie dabei spielten, vor dem kasachischen Teil des Revkom zu verbergen, vor allem vor Bajtursynov, zu dem sich die Beziehungen stark verschlechtert hatten. Auf Beschluss des RVS der Turkfront wurde Tungančin seines Postens als Kriegskommissar enthoben. Das Mitglied des Kriegskommissariats V.V. Kujbyšev sprach sich mit Bezug auf Lukaševs Mitteilung, dass die entsprechenden Unterlagen nach Moskau gesendet seien, für die Abberufung Tungančins aus dem KirVRK aus politischen Gründen aus.[33]

Zur gleichen Zeit wurde die Tätigkeit des VRK und seiner Führung von Mitgliedern des RVS der Front und der Kommission des VCIK und der Turkkomissija, namentlich von Š. Eliava, V. Kujbyšev, Ja. Rudzutak, F. Gološčekin und M. Frunze, negativ bewertet. In einer Notiz an V.I. Lenin vom 30. Oktober nannten sie die Lage unhaltbar,

„sie stellt den Weg nach Turkestan nicht sicher, das Kirrevkom ... hat keinerlei Verbindung mit den kirgisischen Massen, übt keinerlei Autorität aus ... Das Kirrevkom ergreift absolut ungenügende Maßnahmen, um die bewaffneten Trupps der Kirgisen, die auf der Seite der Weißen sind, auf unsere Seite zu ziehen. Alle Arbeit in dieser Hinsicht beschränkt sich auf die

---

[33] RGVA, f. 110, op. 2, d.13, l. 52, 50; RGASPI, f. 17, op. 65. D. 159, l. 13; f. 79, op.1, d. 151, l.1. Muchamed'jar Chusainovič Tungančin, geboren 1888 im Irgizskij Uezd des Oblast' Turgaj, beendete das Lehrerseminar in Orenburg, danach in der Kanzlei des Gouverneurs tätig, arbeitete nach der Oktoberrevolution für die Sowjets. Anfang 1918 persönlicher Mitarbeiter von A. Džangil'din, Mitglied des ersten Ispolkom der Sowjets der Turgajskaja Oblast', seit 1918 Mitglied der RKP(b), Delegierter auf dem V. und VI Allrussischen Rätekongress. Leitete 1918-1919 die kirgisische Abteilung des Narkomnac, 1919 Voenkom für kirgisische Angelegenheiten und in der Bukeevskaja Oblast', Vorsitzender der Kommission für die Einberufung des Allkirgisischen Kongresses, Mitglied des KirVRK, im Oktober 1919 Voenkom der Abteilung für die Bildung einer kasachischen Militäreinheit. Nach seinem Ausschluss aus der VKP(b) arbeitete er in den dreißiger Jahren als Torgpred (Handelsrepräsentant) Kasachstans in Taschkent.

Entsendung eines Vertreters zu Verhandlungen mit den Trupps Dosmuchamedovs (des Leiters der westlichen Abteilung der Alaš-Orda, D.A.), der ohne Ergebnis zurückkehrte. Das Kirrevkom ist sich entweder der Aufgabe nicht bewusst, oder, wenn es sich ihrer bewusst ist, hat es nicht die Macht, eben diese kolossale Aufgabe, den Zusammenschluss des muslimischen Orients im Kampf gegen den Imperialismus, zu verwirklichen... Es gibt kein einheitliches Revkom, sondern einen russischen und einen kirgisischen Teil, die sich untereinander bekämpfen und getrennt handeln. Genosse Pestkovskij war nicht fähig, Führer und einigende Basis des Revkom zu sein, Genosse Lukašev, der in seinem Handeln jeglichen politischen Takt vermissen lässt, ruft eine Verschärfung der Beziehungen hervor ... Lukašev zwang mit seinen taktlosen Äußerungen und laut ausgesprochenen Verdächtigungen das Mitglied des Revkom Bajtursynov, seine Erklärung eine Lüge zu nennen. Am Ende der Sitzung forderte Lukašev, zum Revolver greifend, Bajtursynov auf, seine Worte zurückzunehmen. Wir waren gezwungen Lukašev vorzuschlagen, unverzüglich nach Moskau zu fahren."

Die Kommissionsmitglieder schlugen vor, Lukašev zu maßregeln und den russischen Teil des VRK unter dem Druck der vor ihm stehenden „politisch-militärisch-strategischen und Ernährungs"-Aufgaben grundlegend umzubilden.[34]

Über die in Bezug auf Lukašev getroffenen Beschlüsse teilte auch Frunze in einem Gespräch in direkter (Telefon-) Verbindung mit:

„Die Turkkomissija ist überzeugt, dass das Kirrevkom in seinem jetzigen Zustand nicht arbeitsfähig ist. Die Anwesenheit Vadims sprengt die Arbeit des Revkoms endgültig. Die Turkkomissija hielt es für unabdingbar, Vadim vorzuschlagen, innerhalb von drei Tagen nach Moskau abzureisen; das wirft die Frage der Ernennung eines neuen Vorsitzenden auf. Der Revsovet der Turkfront wird gebeten, die Notwendigkeit der Abberufung Tungančins und seine Abkommandierung nach Moskau im Auge zu behalten."[35]

Am 29. Oktober 1919 wurde Lukašev auf Aufforderung des CK der Partei, des SNCh und des VCIK nach Moskau gerufen und verließ das KirVRK.[36] Bald danach teilte er in einem Brief Lenin seine, nicht un-

---

[34] GA RF, f. 130, op. 3, d. 597, l. 21, 23.
[35] RGVA. f. 110, op. 1, d. 13, l. 172.
[36] CGA Kazachstana, f. 14, op. 1, d. 26, l. 51. Vadim Leont'evič Lukašev wurde 1883 geboren und wuchs in Zentralasien auf. Von Beruf war er

strittigen, Überlegungen über Zustand und Methoden der nationalen Politik und der Stärkung der Macht in Kasachstan mit:
„Kirgisien ist nicht die Ukraine. "Selbstlauf" und loyale "Tungančinščina" sind hier gleichbedeutend damit, die breiten Volksmassen den alten "Wölfen", den Chanen, zum Fraß vorzuwerfen... Hier ist ... spezielles Wissen ... und zumindest zeitweilig ein starker Wille gefordert, als Form eines "vernünftigen Zwanges", der harten Führung, und alles übrige machen die kirgisischen Werktätigen selber. ...

Der Kirgise, nomadisch, sesshaft, werktätig, weiß nichts vom Nationalismus überhaupt und noch weniger vom „Nationalismus" der Sultane im Besonderen. Sein tägliches Leben und sogar die gemeinsame Religion, die mohammedanische, haben ganz eigene Züge und sind letzterem (dem Nationalismus) fremd.

Sein ganzes Leben ist ganz und gar dem Bauch gewidmet... Und die Macht ist ihm gleichgültig, und gut ist einfach diejenige, bei der es mehr zu essen gibt".

Er berichtete, dass er in einem strengen Ausleseverfahren Vertreter des arbeitsfähigen ehrlichen Elements aus der nationalen Armut und der „neutralen kleinen werktätigen Intelligenz" auswähle, um sie nach Moskau zum Studium zu schicken. Er unterstrich die große Wichtigkeit und schreckliche Verworrenheit der Landnutzung im Kraj, wo die Interessen der Nomaden, der russischen Übersiedler, der Kosakenschaft und der sesshaften Kasachen, die alle verschiedene Formen der Landnutzung hätten, ineinander verflochten seien. Bezüglich des Zwistes mit Pestkovskij bat er darum, dem keine Aufmerksamkeit zu schenken, wie einer „innerfamiliären Kleinigkeit".[37]

Schlosser und besaß nach eigener Aussage „eine höhere Selbstbildung". Er hatte Kenntnisse in Mechanik und Elektrotechnik, konnte tatarisch, türkisch und andere Turksprachen, arbeitete in der Ukraine, dem Kaukasus und am Don, war in China und Turkestan. Nach den Angaben in seinem Fragebogen beschäftigte er sich zu verschiedenen Zeiten mit organisatorisch-technischer Arbeit in Militär und Flotte. Als Mitglied der Partei seit 1904 „nahm er an allem teil, was die Revolution erforderte", mit nationalen Fragen beschäftigte er sich von 1902 bis 1905 und 1917 bis 1920. Nach seiner Abreise aus Kasachstan 1920 arbeitete er in der besonderen Abteilung der VČK in Moskau, war Vorsitzender der Vertretung der RSFSR, Mitglied des CIK der TSSR (GA RF, f. 1318, op. 1, d. 638, l. 51).

[37] RGASPI, f. 5, op. 1, d. 1169, l. 1.

Doch waren die Probleme der inneren Verhältnisse im VRK und seiner Arbeitsfähigkeit bei weitem nicht „familär". Es ging um die Suche nach Möglichkeiten, die objektiv erforderliche Modernisierung der Region zu verwirklichen, die am wenigsten schmerzhafte Überwindung der Widersprüche zwischen Subjekt und Objekt der Umwandlung zu finden, eine begrenzte Synthese von verschiedenen Grundsätzen und dem Einschluss des Kraj in die gesamtrussische ökonomische, administrativ-territoriale, politische und soziokulturelle Organisation, die sich selbst in dieser Zeit auf radikale Weise umstrukturierte. In Wirklichkeit kreuzten sich kriegskommunistische Verwaltungsmethoden, die nur oberflächlichen Kenntnisse der Staatsspitze über die Spezifik des Kraj und die persönlichen Ambitionen der aus Moskau entsandten Führer, ihre Unfähigkeit zu aktiver Zusammenarbeit mit der nationalen Intelligenz und die äußerst komplizierten Gegensätze innerhalb dieser Intelligenz. Die kleine Elite der Nation durchlebte den schwierigen Prozess der Selbstidentifikation und die Herausbildung eines nationalen Selbstbewusstseins unter den Bedingungen von Bürgerkrieg, scharfem politischem Kampf sowie ökonomischem Niedergang und Hunger. Sie konnte sich nicht konsolidieren und war ideell-politisch gespalten, was auch auf traditionellen Hierarchien in Stammes- und Klan-Orientierungen und Präferenzen beruhte.

In einem Bericht an Lenin und das CK der RKP(b) vom 29. Oktober 1919 gab der Vorsitzende des VRK Pestkovskij eine sehr ausführliche Charakteristik der Lage der Dinge im Komitee. Er schrieb, dass sich die Lage nach der Verhaftung Tungančins „noch etwas verschärft hat. Für mich und V. Lukašev ist es schwer zu arbeiten, wenn wir sehen, dass man uns betrügt." Pestkovskij unterschied drei Gruppierungen im kasachischen Teil des Revkom. Bajtursynov und Tungančin, die einen starken Einfluss auf die Kasachen in der Führung des Uezd Aktjubinsk ausüben, „bringen ihre Leute ins Revkom, die bei jeder Abstimmung in ihrem Sinn (*poichnemu*) entscheiden". So nutzen Bajtursynov und Tungančin das Recht der Kooptation neuer Mitglieder ins VRK aus. „Mit großen Schwierigkeiten gelingt es mir manchmal Kompromisse zu finden, die jedenfalls nicht schädlich sind", schrieb der Vorsitzende des VRK.

Er versicherte, dass der tiefere Geist dieser Gruppe „politische Gaunerei ist – das Bestreben, den politischen Einfluss der eigenen Gruppe (Hervorhebung D.A.) zu stärken. Sie hängen sich das Mäntelchen einer nationalen kirgisischen Partei um, aber sogar ihr Nationalismus ist keinen roten Heller wert. Wenn es ihnen Vorteile bringt, hören sie sogar auf Nationalisten zu sein." Er schlug vor, diesen Block zu „zerschlagen" und begrüßte die Entscheidung des RVS der Turkfront, Tungančin aus dem Voenkom auszuschließen, sowie den Vorschlag seines Ausschlusses aus dem VRK, weil „Bajtursynov allein ohne Tungančin bedeutend weniger gefährlich ist".

Eine weitere „Partei" führten A. Džangil'din und B. Karataev an, „beide auch politische Karrieristen, aber sie haben ihre politische Karriere mit der Stärkung der Sowjetmacht verknüpft. ... Džangil'din, ein Mensch mit Ambitionen, fühlte sich nicht in der Lage, hier mit ihnen zu kämpfen, und ist in den Kustanajskij Uezd gefahren, um ihn vor dem Bajtursynov-Tungančinschen Einfluß zu bewahren. Karataev ist in der Oblast' Ural' tätig, wo er großen Einfluß hat."

Zuletzt nannte Pestkovskij die dritte, ständig schwankende, Gruppierung unter Führung des aufrichtigen Anhängers der Sowjetmacht S. Mendešev. Er teilte außerdem seine Absicht mit, in Übereinstimmung mit dem Kommando der Turkfront und der Turkkomissija für den 1. Dezember eine nationale Konferenz der aktiven kasachischen Mitarbeiter einzuberufen „mit Zulassung derjenigen, die sich im weißgardistischen Lager befinden", um sich ein Bild über die Stimmung der kasachischen Führungselite zu machen. Außerdem wird in dem Bericht vorgeschlagen, Tungančin aus dem VRK auszuschließen und Lukašev durch einen anderen Vertreter des Zentrums zu ersetzen, weil er nicht an der Arbeit des Revkom teilnehmen könne. Um die Position seiner Opponenten zu schwächen, bat Pestkovskij auch darum, den Mitgliedern des Revkom aus dem Zentrum zu erklären, dass die kooptierten Mitglieder vom SNK bestätigt werden müssen und ihm „zur Organisation wenn nicht einer kommunistischen, so doch einer sowjetischen kirgisischen Gruppe" 1 Million Rubel zu seiner persönlichen Verfügung bereitzustellen.[38]

Die „Angelegenheit Tungančin" zog sich noch ein ganzes Jahr hin. Im Dezember 1919 wurde in Moskau der Vorsitzende des KirVRK Ch. I. Bekentaev verhaftet, fast zeitgleich mit einem weiteren Vertreter der kasachischen Intelligenz, Š. Bekmuchamedov. Nach einem Gnadengesuch Pestkovskijs, Bajtursynovs und G. Bukejchanovs wurden die beiden im März 1920 freigelassen. Tungančin aber blieb in Haft. Schon Ende September 1920 sandte das Mitglied des Kollegiums des Narkomnac A.Z. Kamenskij nach wiederholten Eingaben des KirVRK und der Ehefrau Tungančins an die besondere

---

[38] Ebda., f. 5., op. 1, d. 2916, l. 10-11.

Abteilung des VČK und das Narkomnac deren Erklärung mit einer eigenen Notiz an das kleine SNK der RSFSR mit der Bitte, auf das VČK einzuwirken, damit die Untersuchung beschleunigt würde. Er unterstrich, dass Tungančin zum Zeitpunkt seiner Verhaftung Parteimitglied sowie Mitglied des VCIK war und hielt es für „unzulässig, die Anklage, gegen wen auch immer, nicht im Laufe eines Jahres zu erheben, um so mehr gegen eine Person, deren Schicksal die breiten Massen der definierten Nationalität interessiert und die immer wieder die Frage aufgeworfen haben, warum man Tungančin, wenn er ein Verbrechen begangen haben sollte, nicht verurteilt." Die besondere Abteilung des VČK gab selbst Kamenskij keine Erklärung, und er bestand auf der Intervention des kleinen SNK, um zu erwirken, dass der Arrestant entweder vor Gericht gestellt oder freigelassen würde.[39]

So oder so gelang es Pestkovskij, die Position Bajtursynovs während der Vorbereitung der Konstituierenden Versammlung und der Entscheidung über die Zukunft der kasachischen Autonomie zu schwächen. Letzterer ließ sich jedoch nicht von dem Versuch abbringen, eine wirkliche Vertretung der kasachischen Elite in der Führung des Kraj und der Festlegung seiner Zukunft zu erreichen. Zum Beispiel erklärte er am 11. Oktober auf der Sitzung der Revkom-Kommission zur Erarbeitung einer Verordnung über die Einberufung der Konstituierenden Versammlung, dass der vorbereitete Entwurf vorsehe, „dem kirgischen Volk das Recht und die Möglichkeit zu entziehen, sich durch seine gebildetsten und entwickeltsten Mitglieder vertreten und seinen Willen durch eben diese Vertreter zum Ausdruck zu bringen", da voraussichtlich allen denen das Wahlrecht entzogen werde, die vor der Revolution in den Organen der örtlichen Selbstverwaltung und anderen staatlichen Einrichtungen gedient hätten.[40] Sie bildeten tatsächlich eine dünne Kulturschicht, ohne die jede beliebige Macht im Kraj jegliche Unterstützung von Seiten der Bevölkerung verloren hätte.

Im Endeffekt wurde am 1. Dezember 1919 mit Zustimmung des Kommandos der Turkfront und der Turkkomissija eine Konferenz der aktiven kasachischen Mitarbeiter mit „Einladungen an die im weißgardistischen Lager befindlichen" Nationalen einberufen, um die Stimmung der kasachischen Elite zu sondieren.[41] Sie wurde kurze Zeit

---

[39] GA RF f. 1318, op. 11, d. 12. l. 43,44,77; op. 1, d. 123, l. 118, 199.

[40] Zitiert nach: N. Timofeev, wie Anm. 28, S. 83.

[41] RGASPI, f. 5, op. 1., d. 2916, l. 11.

später, am 1. Januar 1920, in Aktjubinsk eröffnet. An der Konferenz nahmen 250 Delegierte aus allen Oblasti, außer der Semipalatinsker, die von Weißen und eben den wichtigsten Führern der Bewegung Alaš besetzt war, teil. Ein Drittel der Delegierten waren Vertreter des Turkestanskij Kraj. Die Konferenz und das RVS der Turkfront tauschten Grüße aus. Dieses drückte in einer Adresse insbesondere die Überzeugung aus, dass „die fruchtbringende Arbeit der Konferenz als Grundlage der Schaffung der dauerhaften Sowjetmacht im autonomen Kirgisischen Kraj dienen möge und seiner Bevölkerung die Bedingungen für eine wirkliche Verbesserung der Lage auf der Basis des sozialistischen Aufbaus bringe."[42]

Doch war diese Konferenz nur ein Prüfstein. Die Kriegshandlungen im Kraj waren noch nicht beendet, der unumstrittene Führer der kasachischen Nationalbewegung Alaš A.N. Bukejchanov stand nicht unter der Kontrolle der Bol'ševiki, und die Verkündung der Autonomie erforderte die Entscheidung einer ganzen Reihe von durchaus schwierigen Fragen. Vor allem betraf dies das Territorium und die Grenzen der Republik, und Klarheit in dieser Hinsicht hatte, wie gezeigt, niemand. Dafür konnte man sich über die Masse aller möglichen Initiativen nicht beklagen. So hörte das KirVRK am 21. November 1919 einen Bericht des Vertreters der kasachischen Bevölkerung des Astrachanskij und Krasnojarskij Uezd des Gouvernements Astrachan' an und beschloss, dort ein unmittelbar dem Revkom unterstelltes Volgo-Kaspisches Kirgisien zu bilden. Bis zur Wahl des Ispolkom wurde ein Revkom aus fünf Personen ernannt. Dies Gebilde bestand bis Ende August 1920, als die KASSR gebildet wurde und die Mitglieder des KirVRK G. Alibekov, A. Bajtursynov und A. Ermekov (alle ehemalige Alaš-Ordincy) eine Kommission aus Vertretern des Astrachaner Gubispolkom und des KirVRK als Vertreter des Bukeevschen Iszpolkom bildeten, um die Frage der Vereinigung eines Teils des Volgo-Kaspischen Kirgisien mit der Kirgisischen Republik zu untersuchen.[43]

Auch im Zentrum wurde das Problem der Grenzen wiederholt diskutiert. Am 15. Dezember 1919 wurde auf der Besprechung des VCIK und der Führung der Grenzgouvernements unter Vorsitz M.I. Kalinins (vom KirVRK nahmen Pestkovskij, Bajtursynov, Tungančin und G. Bukejchanov teil, aus Orenburg P.A. Kobozev, aus Baškirien Ch. Ibragimov) die Frage der Baškirischen, Tatarischen und

---

[42] RGVA, f. 110, op. 1, d. 18, l. 14, 20, 100.
[43] GA RF, f. 1318, op. 11, d. 5, l. 2, 16.

Kirgisischen Republik behandelt. Es wurde beschlossen, die Entscheidung der Probleme der Grenzen Kirgisiens und Baškiriens, wie auch des Schicksals Orenburgs der administrativen Kommission beim VCIK zu übergeben. Außerdem wurde Bajtursynov bald darauf zur Regelung der Frage des Čeljabinskij Uezd in eine spezielle Kommission entsandt.[44] Im April bekam der zur Verfügung des KirVRK abkommandierte Ermekov die Aufgabe, das Sibrevkom über die Lage im Gouvernement Semipalatinsk zu informieren und „die Frage der Kirgisen aufzuwerfen."[45]

Die sich real abzeichnende Möglichkeit zur Bildung einer nationalen Autonomie begeisterte die Mehrheit der Nationalisten ohne Zweifel und führte sie zur Zusammenarbeit mit der Sowjetmacht. So wurde einer der Mitkämpfer A. Bukejchanovs, das Mitglied der Alaš Ž. Akpaev, in dieser Zeit Leiter der juristischen Sektion der kirgisischen Unterabteilung des Semipalatinsker Gubrevkom. Im März 1920 telegrafierte er dem KirVRK als Gratulation zur Etablierung der Sowjetmacht:

„Ich beglückwünsche das Kirrevkom aufrichtig und von Herzen für die Übernahme der schweren und verantwortungsvollen Mission bei der Schaffung eines Fundamentes der Autonomie Kasachstans und bei der Verwirklichung des heißersehnten Traumes und Sehnsucht des kasak-kirgisischen Volkes, der Volksherrschaft. Die kasachische Autonomie geordnet zu vollenden, ist nur bei konsequenter Erfüllung der in der moralischen Formel Jesu Christi steckenden Forderung: Hier ist nicht Jude noch Grieche, ...[46], möglich, einer Formulierung, die als Quintessenz des menschlichen Herzens, als Werk des menschlichen Verstandes und Schatzkammer der allgemein menschlichen Kultur erscheint.

Die Begeisterung der Steppe im Namen des Vaterlandes dient auch als Faktor für die Vereinigung Kasachstans mit den Kasakkirgisischen Oblasti und Uezdy Turkestans und für die Annahme entschiedener und dringender Maßnahmen für die baldigste Einberufung eines allkasak-kirgisischen Kongresses und der Ausrufung der Autonomie Kasachstans."[47]

So bemühten sich die Vertreter der administrativ aufgelösten (*razpuščennoj*) Alaš-Orda, alle möglichen Mittel zu nutzen, um im

---

[44] Ebda., op. 1, d. 9, l. 1,; op. 11. d. 5. l.3.

[45] GASO, f. 72, op. 1, d. 34, l. 255.

[46] Galaterbrief 3,28 (Anm. der Übersetzerin).

[47] CGA Respubliki Kazachstan (RK), f. 14, op. 1, d. 61, l. 68.

Rahmen der sowjetischen Autonomie die Vereinigung aller Territorien zu erreichen, in denen Kasachen lebten und nomadische oder sesshafte Wirtschaften betrieben.

Am 16. Mai 1920 nahm das KirVRK den Entwurf einer Verordnung über die Verwaltung der strittigen Oblasti und Uezdy an, der von einer Kommission mit Ajtiev, Ermekov, Kulakov und Avdeev vorbereitet worden war und schickte ihn an die Sibirischen und Čeljabinsker Revkomy, die kirgisische Vertretung in Moskau und das Narkomnac. A. Ermekov wurde zur Koordinierung der Grenzfragen nach Moskau geschickt. Beim KirVRK wurde eine dreiköpfige Kommission gebildet, zu deren Aufgaben die Festlegung der Territorien gehörte, die aufgrund ihrer ethnographischen, politischen und ökonomischen Gegebenheiten Bestandteil der Kirgisischen Republik werden sollten; außerdem sollte sie die Grenzen der Republik genau festlegen und einen Entwurf zur Vorlage im SNK und einen Bericht für den allkirgisischen (allkasachischen) Kongress erstellen, ein Gutachten über die mit den benachbarten Gouvernements strittigen Grenzen und Territorien vorbereiten und Streitigkeiten unmittelbar entscheiden sowie einen Entwurf für die innere administrative Gliederung des Kraj ausarbeiten. In dieser Zeit fuhr eine ganze Gruppe ehemaliger Alaš-Ordincy und ihrer Anhänger (A. Ermekov, M. Tanačev, M. Auezov, I. Omarov, Kadirbaev) nach Moskau und bemühte sich, auf die Regelung der für die Autonomie wichtigen Fragen Einfluss zu nehmen.[48]

---

[48] GA RF, f. 1318, op. 11, d. 5, l. 4; d. 12, l. 205, 165, 233. M. Auezov war später ein bekannter sowjetischer kasachischer Schriftsteller. V.-Ch. Š.-.Ė. Tanačev (geb. 1882) beendete die juristische Fakultät der Universität Kazan', im Januar 1906 nahm er am 2. Kongress der Moslems Russlands in Petersburg teil, der den „Ustav Vserossijskogo musul'manskogo Sojuza" (Statut der Allrussländischen Muslimischen Union) annahm, 1909-1910 war er in Frankreich, Italien, der Schweiz, Deutschland, Österreich-Ungarn, sprach mehrere Turksprachen. Vor dem Februar 1917 beschäftigte er sich mit kulturell-aufklärerischer Arbeit in Kazan', danach arbeitete er in anderen Städten Russlands „vor allem auf Vorschlag des kirgisischen Volkes", wie er in einem Fragebogen im Dezember 1920 schrieb. Er nahm an allen kasachischen Kongressen teil, war Vortragender, Agitator, Organisator. Anfang 1920 arbeitete er in der Literatur-Verlags Sektion der historisch-statistischen Abteilung des Kirkrajvoenkomat, übersetzte Artikel aus kasachischen Zeitungen, stellte die Tätigkeit aber wegen fehlenden Gehaltes ein. Im Sommer 1920 war er Mitglied der Justizabteilung des KirVRK, danach Mitglied des Kollegiums der Vertretung der Republik in Moskau (GA RF, f. DP. OO.

Zur gleichen Zeit wurden im Auftrag des VCIK sechs (im russ. Original: fünf, Anm. d. Übers.) Führer der westlichen Abteilung der Alaš-Orda in die Hauptstadt entsandt – D. und Ch. Dosmuchamedov, K. Džalenov, B. Atčibaev, M. Atčibaeva, I. Kaškinbaev. Auf Weisung Stalins brachte Bajtursynov persönliche Dinge der Alaš-Ordincy und der Familien D. Dosmuchamedovs und Kaškinbaevs nach Moskau.[49] Ihr weiteres Schicksal entschied sich im Laufe des Sommers. Während das Präsidium des VCIK auf Grundlage seines Beschlusses vom 4. April 1919 am 3. Juni 1920 beschloss, „die ehemaligen Mitglieder der Regierung der Alaš-Orda zur sowjetischen Arbeit zuzulassen und kategorisch" ... „ihre Verfolgung wegen ihrer früheren Tätigkeit" verbot, so nahm das Oblast'büro des CK der RKP(b) am gleichen Tag einen anderen Standpunkt ein, als es über das Telegramm des Sekretärs des CK der Partei E. Preobraženskij über die Verwendung dieser Gruppe von Alaš-Ordincy beriet. Es stimmte zu, alle zwar parteilosen, aber ehrlichen Kasachen zur Arbeit heranzuziehen, sprach sich aber gleichzeitig für die Isolierung der ehemaligen Mitarbeiter der Alaš-Orda aus, die als Konterrevolutionäre bekannt seien und in Missbräuche und Verbrechen verwickelt. Um welche Personen es sich handelte, sollte das Büro definieren, das auf einer zeitweise völligen Isolierung der Führer der Bewegung Alaš bestand.

Insbesondere wurde bald beschlossen, Mitglieder der Alaš-Orda nicht zur Arbeit im Revkom zuzulassen. Um zu verhindern, dass sie gemeinsam agierten, wurde I. Kaškinbaev mit einer besonderen Charakteristik in den Zavol'žskij okrug geschickt und diesem unterstellt. D.Zanlenov wurde dem Kirzemotdel übergeben. Alle Angelegenheiten der Alaš-Ordincy in der ČK wurden vorläufig im Präsidium des Büros und Präsidium der KirČK entschieden. Letzteres wurde darauf hingewiesen, dass kriminelle Verbrecher aus der Reihe der Alaš-Ordincy der üblichen Verantwortlichkeit unterlägen und sie nicht unter die allgemeine Amnestie für politische Verbrecher fallen. Im Falle, dass zu den früher verübten, nach dem Übertritt zur Sowjetmacht neue Verbrechen verübt wurden, vergrößere sich die Verantwortlichkeit.[50] So wurde mit vereinten Kräften des Zentrums und seinen wahren Anhängern vor Ort die nationale Elite isoliert und unter ständige Kontrolle gestellt.

1911 g, d. 74, č.5, lbl. 11; 1914 g, d. 74, l. 3; f. 1318, op. 1, d. 638, l 82; CGA RK, f. 59, op. 1, d. 410, l. 1; f. 14, op. 1, d. 81, l. 86; GARF, f. 1318, op. 11, d.8, l. 79-80; d. 12, l. 205).

[49] Ebda., op. 11, d. 12, l. 92, 98-99, 106, 107-108, 117-118, 135-154.

[50] Ebda., d. 12, l. 213; PA RK , f. 140, op. 1, d. 4a, l. 8, 13.

Im Sommer 1920 gelang es, einen der aktivsten Anhänger der nationalen Demokratie in Kasachstan, das Mitglied der KirVRK T.I. Sedel'nikov, loszuwerden. Er kannte die Situation im Kraij lange und gut und bemühte sich darum, dass seine Besonderheiten in der nationalen Politik der Bol'ševiki vor Ort berücksichtigt wurden. Im April 1920 schrieb Sedel'nikov Lenin ausführlich über die Lage in der Region, die Stimmung der kasachischen Massen und der Intelligenz und die Zusammenarbeit mit ihnen.[51]

Außerdem blieb die prinzipielle Frage des Status, der Grenzen und der Hauptstadt der neuen Republik offen. Die Führung des Landes tastete weiterhin verschiedene Varianten zur Lösung des gesamten Problemkomplexes ab, der mit der Definition der neuen Stellung der riesigen zentralasiatischen Region als Bestandteil Russlands verbunden war. Am 27. Januar 1920 verhandelte das Politbüro des CK der RKP(b) den Vorschlag M.V. Frunzes über die neue Zusammensetzung des KirVRK und beschloss dabei, die Meinung Frunzes, der Turkkomissija und der KirVRK bezüglich der Vereinigung der kasachischen Oblasti Turkestans mit der Kirgisischen Steppe zu einer Republik, einzuholen.[52]

Die Position der Nationalen zu den prinzipiellen Diskussionspunkten wird im oben zitierten Telegramm der Mitglieder des VRK Ajtiev, Sedel'nikov und Karataev an das CK der Partei deutlich benannt. Es wurde nicht vor dem 24. März 1920 im Namen der Parteifraktion des Revkom auf der turnusmäßigen Parteizusammenkunft an die Delegierten Pestkovskij und Argančeev gerichtet.[53]

Im Sommer 1920 wurde aktiv an der Bildung der sowjetischen Autonomie in Kasachstan gearbeitet. Am 18. Mai rief Stalin im Auftrag des Präsidiums des VCIK die Vertreter des SibVRK, der Turkfront, des Turkbjuro RKP(b), des Orenburger und Čeljabinsker Gubispolkom, des Ural-VRK, des KirVRK und des Obispolkom der Bukeevschen Horde in Moskau „zur Erörterung von Fragen, die mit der Verwaltung des Kirgisischen Kraj verbunden sind", zusammen. Auf dem Treffen am 1. August sollten die Verwaltung der KirRe-

---

[51] Der Brief Sedel'nikovs an Lenin und eine ausführliche Darstellung der damit verbundenen Ereignisse im KirVRK findet sich unter dem Titel: „Mnenie bez prikras", in: Istoričeskij Archiv, 1994, No. 4.

[52] RGASPI, f. 17, op. 65, d. 273, l. 515.

[53] Ebda., d. 270, l. 146. Siehe auch: Iz istorii sozdanija partijnogo centra v Kazachstane. Dokumenty i fakty, in: Partijnaja žizn' Kazachstana 1990/9, S. 36-37.

publik, ihre Grenzen und ihr Verhältnis zur RSFSR erörtert werden. Der Vorsitzende des KirVRK Pestkovskij bat die Führung des Landes (Lenin, Stalin, Preobraženskij) im Zusammenhang damit um eine Ordnung der Übergangsverwaltung für die strittigen Oblasti. Schon bald gelang es, die Orenburger Führung zu einer Änderung ihrer Haltung zu bewegen und am 4. Juni nahm das KirVRK den Beschluss über den Eintritt des Gouvernements Orenburg in den Bestand der Autonomie an, obwohl die Entscheidung des VCIK darüber erst nach ihrer Verkündung am 20. September 1920 zustande kam.[54] Schon im März 1920 nahm das CK der RKP(b) den „Beschluss über die Autonomie Turkestans" im Rahmen der RSFSR an. Sie wurde schon 1924 im Zusammenhang mit der Bildung der Usbekischen und Turkmenischen SSR, die in die UdSSR eintraten, abgeschafft.

Die kasachischen Autonomisten warteten aber nicht auf Fingerzeige von oben, sondern schalteten sich aktiv in die Vorbereitungsarbeit ein. Ende Juni beschloss die kirgisische Vertretung beim VCIK unter Vorsitz des Mitgliedes der KirVRK und des VCIK A. Bajtursynov sowie der Mitglieder A. Ermekov und G. Bukejchanov unverzüglich bei der Vertretung eine spezielle Kommission aus erfahrenen Statistikern, Ökonomen, Ethnologen, technischen Zeichnern u. a. einzurichten. Sie sollten baldmöglichst einen Entwurft der Grenzen der KirRepublik nach der historischen, ethnographischen, geographischen, und ökonomischen Lage des Kraj vorbereiten und eine Gesamtkarte des Kraj mit den geplanten Grenzen erstellen. Die Kommission umfasste 22 Personen und sollte parallel zur Kommission beim KirVRK in Moskau arbeiten, wo man Spezialisten und die erforderlichen Dokumente der entsprechenden Behörden und Einrichtungen hatte.[55]

Gleichzeitig initiierten sie die Entsendung von Vertretern örtlicher Stellen zum Augusttreffen in der Hauptstadt. So schickte die kirgisische Sektion des Semipalatinsker Gubrevkom auf Empfehlung Ermekovs einen eigenen Delegierten zur detaillierten Beleuchtung folgender Fragen: die ethnographische Zusammensetzung der Bevölkerung der Oblast', die Grenzen der Volosti, die Bevölkerungszahl, aber auch die kasachische Bevölkerung des Gouvernements Altaj und die Kosakengebiete. Zur Festlegung der Grenzen der Republik wurde ein weiterer Vertreter des Gouvernements zur Materialsammlung in staatlichen und wissenschaftlichen Einrichtungen zum Augusttreffen nach Petrograd geschickt. Aber am 2. August

---

[54] RGASPI f. 558, op. 1, d. 3734, l. 2,1; f. 17, op. 65, d. 351, l. 31; Dekrety Sovetskoj vlasti, t. 10, Moskva 1980, S. 193.

[55] CGA RK, f. 14, op. 1, d. 61, l. 142.

telegraphierte der Leiter des Semipalatinsker Kirotdels Akaev an Ermekov, dass die kasachische Bevölkerung von fünf Uezdy des Gouvernements einstimmig beschlossen hatte, sich ganz mit dem Kirkraj zu vereinigen.

Pestkovskij und Bajtursynov wurden zu Vertretern des KirVRK bei der Beratung von Fragen der Republik ernannt. Sie hatten das Recht zur Kooptation neuer Mitglieder aus der Provinz. Ende Juli wurde mit G. Alibekov ein weiterer Vertreter der kasachischen Intelligenz Mitglied. Den ehemaligen Alaš-Ordincy gelang es, während der Vorbereitung der Beratung einige Veränderungen zu erreichen. Am 3. August wurde A. Ermekov durch Beschluss des Narkomnac zur Abstimmung der Grenzfragen zum NKVD entsandt. Dafür stimmte das Narkomnac der vom KirVRK, einzelnen Mitgliedern des SibVRK und des Čeljabinsker Gubispolkom und auch in einer Eingabe von Vertretern des Gouvernements Semipalatinsk vorgeschlagenen Übergabe des Semipalatinsker Teils der Oblast' Akmola und des Uezd Kustanaj in die Zuständigkeit des KirVRK noch vor der Zusammenkunft zu. Insgesamt mobilisierten die Alaš-Ordincy alle organisatorischen und intellektuellen Ressourcen, um vom Zentrum die Zustimmung für die Bildung der Republik in den Grenzen, für die sie in der Zeit der organisatorischen Gestaltung der autonomistischen Bewegung 1917 eingetreten waren, zu bekommen.[56]

Letztlich fand das Treffen unter Leitung des Mitarbeiters der Narkomnac A.Z. Kamenskij am 9.–10. August statt. An ihm nahmen teil A. Ermekov aus der Oblast' Semipalatinsk als Vortragender (übrigens führte er 1918 im Namen der Regierung der kasachischen Autonomie Alaš die Verhandlungen über ihren Status mit der antibol'ševistischen Provisorischen Sibirischen Regierung), M. Sultan-Galiev vom Narkomnac, S. Pestkovskij, A. Murzagaliev, G. Kulakov, A. Džangil'din, A. Bajtursynov und G. Alibekov vom KirVRK, P. Petrovskij von der kirgisischen Vertretung in Moskau, G. Safarov von der Turkkomissija und dem VCIK des SNK der RSFSR, Sokolov vom Sibrevkom, Poljudov vom Omsker Gubrevkom, I. Martynov vom Orenburger Gubispolkom, Poljakov vom Čeljabinsker Gubispolkom, S.P. Miljutin und D. Temraliev vom Bukeevschen Gouvernement, Itbaev und Urazaev von der Oblast' Akmolinsk, A. Karimov von der Astrachanskaja Oblast' und A.D. Cjurupa vom Narkomzem. Den Vertretern der westlichen Abteilung der Alaš-Orda Dosmuchamedov

---

[56] GA RF, f. 1318, op. 11, d.12, l. 315, 381; d. 21, l. 13; d. 5, l. 7, 9; op. 1, d. 123, l. 89.

und Kaškinbaev war es nicht gelungen, eine Erlaubnis zur Teilnahme an der Zusammenkunft zu erhalten.

Der Vortragende schlug unter Bezug auf den Antrag des Kirrevkom an das Narkomnac vor, in der neuen Republik alle Territorien zu vereinen, in denen Kasachen lebten, also aus den folgenden Oblasti und Gouvernements: Astrachan', Ural', Turkestan, Akmolinsk, Semipalatinsk, Syr-Dar'ja, Zakaspijskij, Samarkand, Fergana, insgesamt 3467922 Quadrat-Werst. Nach den Berechnungen des VRK nutzten die Kirgisen 81% der Gesamtfläche des Territoriums und die kirgisische Bevölkerung stellte mit ca. 5,5 Mio Menschen 54% der Gesamtbevölkerung.

Ermekov legte die Argumente, die für eine solche territoriale Definition der Autonomie sprachen, ausführlich dar:

„Bei der Festlegung der Grenzen Kirgisiens muss man die ethnischen, ökonomischen und kulturellen Besonderheiten des gesamten Kraj beachten. Wenn man seine Aufmerksamkeit darauf richtet, dass die Kirgisen bis heute in bedeutendem Maße eine nomadische Lebensweise bewahrt haben mit Viehzucht als vorherrschender Beschäftigung ..., dann wird die ökonomische Verbindung dieser Oblasti offensichtlich. Es ist nämlich so, dass es für viele Oblasti Weideland gibt, wohin auch aus weit entfernten nördlichen Uezdy Viehherden getrieben werden. Derartige gemeinschaftlich genutzte Ländereien gibt es viele. ... Der Prozentsatz sesshafter Kirgisen im Norden ist hoch. Der Norden ist die Kornkammer des Kirgisischen Kraj und versorgt den ganzen Kraj, insbesondere den unfruchtbaren südlichen Teil des Steppen-Kraj mit Getreide. Deshalb ist die Bildung einer Autonomen Kirgisischen Republik nur denkbar und real bei Erhaltung der Verbindungen zwischen den nördlichen und südlichen Teilen innerhalb derselben Grenzen, anderenfalls erweist sich die Autonomie als nicht lebensfähig.

Die kulturellen und ökonomischen städtischen Zentren, auf die die angrenzenden Oblast'-Strukturen Anspruch erheben (Sibrevkom u.a.), befinden sich ebenfalls am Rande der Territorien Kirgisiens. Ohne diese Zentren werden die südlichen Oblasti zu ökonomischem, wirtschaftlichem und ökonomisch-kulturellem Hunger und Aussterben verdammt sein. Aus diesen Überlegungen folgt, dass es unausweichlich ist, die Grenzen des Autonomen Kirgisien wie genannt festzulegen. Als provisorisches Zentrum wird Orenburg vorgeschlagen."[57]

Der Vertreter des SibVRK stimmte im Prinzip mit dem Vortragenden überein, beharrte aber darauf, dass die Abtrennung der nördlichen Oblasti von Sibirien russische Bevölkerung in großer Zahl künstlich an Kirgisien binden und nationalen Hader und Zwietracht verstärken werde. Außerdem werde Orenburg als administratives Zentrum nach seiner Meinung ein „Stachel in den nationalen Beziehungen zwischen Kosaken und Kirgisen" sein. Um das Land zu sammeln und allmählich einen Apparat zu schaffen, sei Zeit nötig, schloss Sokolov, und bis dahin könne man die Verwaltung des Kraj in den Händen der existierenden Organe – Revkom, Turkkomissija u.a. belassen.

In diesen Überlegungen war vieles von einem objektiven soziokulturellen und politischen Standpunkt her begründet. Die Führer der Alaš, die 1917 unter dem Druck der im zerfallenden Imperium herrschenden zentrifugalen Tendenzen die Losung der Autonomie verkündet hatten, waren nicht zufällig für den Anschluss an die Sibirische Oblast'-Autonomie eingetreten. Als sie dann später nach dem Kolčak-Umschwung aufgehoben wurde, schlugen die Alaš-Ordincy dem Höchsten Regenten Kolčak sogar vor, die Verwaltung des Kraj so zu organisieren, wie Großbritannien seine Beziehungen zu Indien aufgebaut hatte.[58]

Für das Zentrum jedoch, das dringend die Unterstützung der Massen und die Loyalität der nationalen Eliten brauchte, die auf der Realisierung der von den Bol'ševiki verkündeten Losungen der Selbstbestimmung beharrten, war die Bewahrung von zerstückelten Organisationsstrukturen, die einen unterschiedlichen Status hatten und verschiedenen zentralen Organen untergeordnet waren, nicht zweckmäßig. Gleichzeitig war es gerade die Sorge um das Schicksal der neuen Macht, die keine feste soziale Basis hatte, die bei den Teilnehmern der Zusammenkunft Widerspruch hervorrief. Safarov zum Beispiel, der sich für die Selbstbestimmung des kasachischen Volkes in sowjetischer Form aussprach, bemerkte, dass „in den kirgisischen Oblasti Turkestans die Sowjetmacht nicht gefestigt ist und man gezwungen ist, die Klassenfeinde mit Feuer und Eisen auszurotten", aber im Kraj gäbe es keine Kräfte, die selbstständig in dieser Richtung arbeiten würden. Es sei nötig, zunächst die grundlegende Basis zu festigen und sich danach um ihre allmähliche Verbreiterung zu bemühen. Poljudov

---

[57] Ebda., op. 11, d. 18, l. 6, 17; op. 1, d. 3, l. 44.
[58] Siehe D.A. Amanžolova, op. cit.

meinte, dass der Grad der Konzentration der Verwaltung beim Kirrevkom vom Tempo der Klassendifferenzierung und den Erfolgen des sowjetischen Aufbaus abhängig sein sollte (ohne Zweifel verdeckte hier revolutionäre Romantik die Realität, oder vielmehr, sie trat an die Stelle von völligem Unverständnis der Lage).

Überhaupt offenbarte die Zusammenkunft große Meinungsverschiedenheiten. Die Auffassungen über den Prozess der sowjetischen Föderationsbildung klafften auseinander; sie gründeten sich auf die Priorität der allgemeinstaatlichen Interessen einerseits und der engen rein örtlichen andererseits. Insbesondere der Orenburgische Vertreter Martynov beharrte auf lokalpatriotischen Interessen, indem er vorschlug, den Kustanajskij Uezd mit den Gouvernement Orenburg zu vereinigen und ihn aus der Zuständigkeit Čeljabinsks herauszunehmen. M. Murzagaliev, der für die Einheit der neuen Republik eintrat, stimmte gleichzeitig für die Notwendigkeit einer zeitweiligen Teilung der Macht. Der Standpunkt des Zentrums wurde von Pestkovskij dargelegt: „Hier in Kirgisien darf man die Autonomie nicht nach nationalen Prinzipien aufbauen (wie in anderen Fällen). Einzig denkbar ist nur das Territorialprinzip." Er war gegen die Loslösung der Randgebiete von der zu bildenden Republik. Cjurupa unterstützte ihn: „Der Kraj kann nicht leben, wenn den Steppen und Wüstensteppen nicht die reicheren Randgebiete hinzugefügt werden. Der ganze Apparat des Kirkraj sollte im Kirrevkom konzentriert werden, sonst bleibt die Lage so, wie sie bis jetzt ist."[59]

Safarov griff noch einmal in die Diskussion ein und gab eine objektive, aber nicht den konkreten politischen Zielen entsprechende Bewertung des sich zuspitzenden Konfliktes: Die Tatsache, dass wir kein einiges administratives Zentrum finden, unterstreicht, dass es nicht möglich ist, die Frage per Dekret zu lösen. Dazu ist lange Arbeit und Anstrengung erforderlich. Er meinte, dass man nicht von Orenburg aus den Gang der Dinge und die Verwaltung im Semireč'e und Syr-Dar'ja (bis zu diesem Zeitpunkt waren sie Bestandteil Turkestans) beeinflussen könne, „das ist ein Witz.... Solch eine Politik wäre nationaler Utopismus." Das Sibrevkom und die Turkkomissija sollten nach Meinung Safarovs nach und nach die Verwaltung der Oblasti dem Kirrevkom übergeben.

Diese Äußerungen riefen scharfe Reaktionen von Seiten der kasachischen Politiker hervor. Insbesondere Bajtursynov erklärte: „Man muss es offen aussprechen. Wenn sich der Kirkraj nicht selber ver-

---

[59] GA RF, f. 1318, op. 1, d. 3, l. 45-47.

walten kann, dann bedeutet das, dass die Republik noch nicht herangereift ist, dass die Bedingungen für ihre Bildung nicht bestehen und dass es demnach nichts zu bereden gibt. Folglich muss man vor allem die Frage entscheiden, ob die Notwendigkeit besteht, diese Republik zu schaffen. Wenn wir dies positiv entscheiden, dann wird es nötig, in der Republik jene Kraft zu schaffen, die den Kraj verwalten muss, und das ist möglich." Er wurde von Džangil'din unterstützt, der dazu ein beredtes Bekenntnis abgab: „Wenn wir uns der Frage ernsthaft annehmen, dann brauchen wir nicht zu fürchten, dass wir ihr nicht gewachsen sind. Wir konnten die Klassendifferenzierung noch nicht durchführen", weil wir unter den bestehenden Umständen „gezwungen waren, den Nationalismus der kirgisischen Massen sogar auszunutzen, anders war überhaupt nichts zu machen."

Das Fehlen eines Apparates, von Menschen, einem Proletariat auf dem riesigen Territorium erschwere die Verwirklichung der Entscheidung, aber das sei ein Problem der technischen Möglichkeiten, meinte er. Mit diesem Urteil fand er jedoch keine Unterstützung bei den Vertretern des Zentrums, das gezwungen war, die „goldene Mitte" zu erspüren, und zwar zwischen der Notwendigkeit der unbedingten Durchführung seiner Politik und der Berücksichtigung der Ambitionen und Ansprüche der nationalen Eliten, ohne die die Festigung der Macht in den Randgebieten nicht möglich war und denen man wie eh und je nicht traute. Sultan-Galiev hob bei seinem Auftritt hervor: „Wenn die Macht sogar in Turkestan und Sibirien schwach ist, was niemand bestreitet, dann sollte man sicherstellen, dass ihre Aktivitäten und die des Kirrevkom und der zentralen Macht nicht auseinanderlaufen. Deshalb sollte das Revkom dieser Oblasti durch Direktiven aus dem Zentrum geführt werden."[60]

Die Autonomisten beharrten weiter auf ihrer Position. Ermekov trat noch einmal auf und sagte:

„Es ist seltsam, dass die prinzipielle Einigkeit in der Frage über die Autonomiebildung und die daraus gezogenen Schlussfolgerungen so auseinandergehen. Tatsächlich ist zu fragen, ob es zweckmäßig ist, die Republik zu schaffen. Wenn ich richtig verstanden habe, dann ist die Schaffung der Autonomie nicht nur eine Sache der Agitation, sondern auch der praktischen Arbeit, dann muss man auch einen Apparat schaffen, anders ist es nicht nötig und sinnlos, über die Republik zu sprechen. Wobei das nicht heißt, dass die Kirgisen sich selbst verwalten können. Das Zentrum wird

---

[60] Ebda., l. 48.

dem Kirrevkom Mitarbeiter senden müssen, so wie es das Sibrevkom und die Turkkomissija versorgt, wo die Lage im Sinne von Kräfteverhältnissen auch nicht glücklich ist und die deshalb auch die Verwaltung der kirgisischen Oblasti nicht leisten können.

Die ganze Stärke der Verwaltung liegt in den örtlichen städtischen Zentren, und wenn Orenburg überhaupt auf der Höhe sein wird und staatliche Aufgaben lösen kann, dann kann es den Kraj durch örtliche Zentren verwalten. Dafür aber wird es nötig, Oblast'zentren für die kirgisischen Oblasti in Sibirien und Turkestan zu schaffen.

Was die anderen Völker in Kirgisien betrifft, so muss man einfach nur die Linie und die Arbeit des Narkomnac im eigentlichen Sibirien fortführen."

Ermekov stimmte zu, dass die Wahl eines wirklichen administrativen Zentrums der Republik schwer sei, meinte aber, dass man jetzt unter Berücksichtigung der Meinung der Oblasti entscheiden und dann dem Sibrevkom und der Turkkomissija vorschlagen müsse, ihre eigenen Bevollmächtigten zur Klärung gemeinsamer Fragen zu entsenden. So erreichten die kasachischen Autonomisten letztlich ihr Ziel – die Schaffung eines nationalen Staates –, indem sie sich auf die nationale Doktrin der Partei der Macht stützten und sie anerkannten.

Bei derartig wesentlich verschiedenen Auffassungen Problems gelang es nicht, eine Entscheidung zu treffen, und Kamenskij schlug den Teilnehmern vor, konkrete Vorschläge einzubringen und sich am nächsten Tag wieder zu versammeln.[61] Am 10. August wurde die von Kamenskij vorgeschlagene Resolution mit Verbesserungen insgesamt angenommen, allerdings mit Hinweis auf ihre ungenügende Klarheit und die Notwendigkeit einer Reihe von Nachbesserungen. In seinem Resümee stellte Kamenskij fest, dass die Entscheidung über die Bildung der Kirgisischen Republik gefallen sei. Der Apparat des KirVRK sollte aus dem SibVRK und der Turkkomissija verstärkt werden. Das KirVRK ihrerseits sollte seine Bevollmächtigten mit den Rechten von Mitgliedern der örtlichen Revkomy in die Oblast'zentren entsenden, die den Apparat aufbauen und seine Übergabe an die Republik vorbereiten sollten.

Der Vorschlag Ermekovs, eine Kommission zur Vorbereitung der Dekretierung der Republik und zur Erforschung der Meinung der lokalen Mitarbeiter zu bilden, wurde per Abstimmung abgelehnt. Kamenskij wies darauf hin, dass eine Kommission nicht mehr ergeben

---

[61] Ebda., l. 49.

könne, als das Dekret des SNK im Jahr 1918 festgelegt habe. Für die Bestimmung der Rajony, die in die Zuständigkeit des KirVRK übergeben werden sollten, sei die Berücksichtigung der Meinung der örtlichen Mitarbeiter auf dem Dienstwege nötig.[62]

Man kann also sagen, dass es den Autonomisten auf der Beratung im Großen und Ganzen gelungen war, ihre Interessen zu behaupten. Wie künstlich und von oben aufgesetzt die neue Staatsbildung der Führung der Grenzregionen auch erscheinen mochte, die Interessen des Zentrums und der Nationalen fielen in diesen Tagen zusammen. Die von den Bol'ševiki verkündete nationale Gleichheit musste sich wenigstens für jene Völker, die eine einigermaßen entwickelte Kultur und nationale Organisation hatten und ein Bestreben nach Selbstbestimmung zeigten, auch wenn es nicht völlig dem Niveau nationaler Selbstidentifikation entsprach und eher durch den Druck der allgemeinen politischen Situation und der führenden Tendenzen des gesamtrussischen revolutionären Prozesses hervorgerufen war, in nationaler Staatlichkeit realisieren.

ASSR – Das Ende der Alaš

Am 12. August fand im Zusammenhang mit der Bildung der Kirgisischen Autonomie eine Beratung unter Vorsitz Lenins statt, am 14. August eine Sitzung des Kollegiums des Narkomnac, auf der ein Entwurf für ein Dekret über die Republik gebilligt wurde. Am 16. August wurde es von der administrativen Kommission beim Präsidium des VCIK angenommen, am 17. und 24. August vom SNK der RSFSR und am 26. August trat es in Kraft. Als Ergebnis der Entscheidungen vom August trat nicht nur Orenburg in die Autonomie ein, sondern auch die im Westen Kasachstans gelegenen Orte Ural'sk, Kustanaj, Port-Aleksandrovsk, als „kulturell-ökonomische Basen mit revolutionären Elementen – Umsiedlern, die vom Zarismus als politisch unzuverlässig und durch die russische Agrarbewegung infiziert eingestuft und daher abgeschoben worden waren."[63]

---

[62] Ebda.
[63] Siehe: Obrazovanie Kazachskoj ASSR. Sb. Dokumentov i materialov, Alma-Ata 1957, S. 247; GA RF, f. 1318, op. 1, d. 3, l. 42-43; S. Z. Zimanov, S.O. Dauletova, M. .S. Ismagulov, Kazachskij revoljucionnyj komitet, Alma-Ata 1981, S. 189-190.

Die Kasachische Republik war bis 1936 mit Autonomierechten Bestandteil der RSFSR. Der Prozess des „Sammelns der Erde" im eigentlichen Sinne fand schon nach der Verkündung der KASSR statt. So begannen Anfang 1921 Verhandlungen über die in den Bestand Turkestans übergehenden Oblasti mit vorwiegend kasachischer Bevölkerung. Die Oblasti Semireč'e und Syr-Dar'ja der Turkestanischen ASSR wurden nach den national-staatlichen Grenzziehungen in Zentralasien 1924 Bestandteil Kasachstans. Anfang 1925 wurde die Hauptstadt der Republik in den Süden verlegt nach Ak-Mečet' (bis 1922 Perovsk), das bald darauf in Kzyl-Orda umbenannt wurde. Am 6. April 1925 wurde mit einer Entscheidung des VCIK das Gouvernement Orenburg aus dem Bestand Kasachstans ausgegliedert. Zur KASSR kam auch die aus turkestanischen und Choresmer Karakalpaken gebildete Autonome Oblast', die später als autonome Republik in die Usbekische SSR eintrat.

Die kasachischen Autonomisten ergriffen sofort nach der Besprechung Maßnahmen, um für die wichtigsten Arbeitsbereiche ihre Anhänger zu ernennen. Schon am 13. August 1920 ernannte das KirVRK Ch. Gabbasov zum Bevollmächtigten im Sibrevkom, für den Erhalt und die Verteilung der Manufaktur unter Leitung des Kirkrajprodotdels wurde mit A. Kozbagarov ein anderer Alaš-Ordinec geschickt, in der Abteilung Volksbildung wurde B. Sarsenev eingesetzt. Außerdem wurden Ž. Akpaev, Ž Ajmautov und G. Bukejchanov aus den Oblasti Akmola und Semipalatinsk ins KirVRK berufen. Als Unterhändler über die Ausgliederung des Uezd Kustanaj aus dem Gouvernement Čeljabinsk und seine Eingliederung in den Kirkraj wurde I. Omarov nach Moskau delegiert, als Vertreter der Oblast' Semipalatinsk S. Kadirbaev. Zum Mitglied des Kollegiums der Justizabteilung des KirVRK wurde V. Tanačev ernannt. Auf Vorschlag Bajtursynovs wurden alle Personalentscheidungen in Moskau geprüft. Für die kirgisische Vertretung in der Hauptstadt wurden auch G. und A. Beremžanov und K. Tochtabaev ernannt.[64]

Am 26. August 1920 bestätigte das Präsidium des VCIK die neue Zusammensetzung des Kirrevkom unter Vorsitz V.A. Radus-Zen'kovičs: I. Martynov, Pokrovskij, A. Avdeev, A. Kulakov, A. Bajtursynov, A. Džangil'din, G. Alibekov, S. Argančeev, S. Men-

---

[64] GA RF, f. 1318, op. 11, d. 5, l. 12, d. 15, l. 30, 32, 40; d. 21, l. 11; op. 1, d. 9, l. 19; PA RK , f. 140, op. 1, d. 4a, l. 28; Vechi konsolidacii. Iz opyta partijnych organizacij Kazachstana v rešenii nacional'nogo voprosa v 1917-1927 gg. (K 70-letiju Kompartii Kazachstana). Sbornik dokumentov, Alma-Ata 1990, S. 47.

dešev, A. Ermekov, Ch. Gabbasov und S. Sejfullin.[65] Die offensichtliche Unvollkommenheit des so geschaffenen Verwaltungssystems hielt sich jedoch noch sehr lange und beruhte auf den ungenügenden Ressourcen und Erfahrungen der nationalen Führer und dem Mangel an kompetenten Kadern aus dem Zentrum als tätige Hilfe vor Ort. Das war gewissermaßen der Preis für den Versuch, auf revolutionärem Weg eine Zivilisationsschranke zu überwinden, deren weniger schmerzhafte Transformation die Anstrengungen von mehr als einer Generation erfordert hätte.

Stalin schrieb im Oktober 1920 zu diesem Thema:

„Als eines der größten Hindernisse auf dem Weg zur Verwirklichung der sowjetischen Autonomie erscheint der große Mangel an Intelligenz örtlicher Herkunft in der Peripherie und das Fehlen von Instrukteuren in ausnahmslos allen Zweigen von Sowjet- und Parteiarbeit. Es kann gar nicht anders sein, als dass dieser Mangel die Bildungsarbeit sowie überhaupt die revolutionäraufbauende Arbeit in den Randgebieten hemmt. Aber genau deshalb wäre es unvernünftig und der Sache schädlich, diese ohnehin schon so kleine Gruppe örtlicher Intelligenz zurückzustoßen ..."[66]

Die Anfangsphase der Verwirklichung der Politik der nationalen Gleichheit zeichnete sich daher aus durch objektive Widersprüche und den Kampf zwischen den politischen Zielen der Bol'ševiki und den verschiedenen Mechanismen, die zu ihrer Verwirklichung vorhanden waren. Es war kein Zufall, dass der Narkom für innere Angelegenheiten des Kirkraj Alibekov sich schon am 30. August wegen des Mangels an qualifizierten Spezialisten und fehlender Kontakte mit örtlichen Organen an das NKVD wandte. Er bat darum, im Auftrag des VRK zeitlich befristet ausgebildete Mitarbeiter verschiedener Zweige zu schicken, weil die nationale Intelligenz erst beginne, aus den bis dahin unter der Macht der Weißen stehenden Rajons zurückzukehren. Zum Beispiel, trug er vor,

---

[65] RGASPI, f. 17, op. 65, d. 258, l. 65. V.A. Radus-Zen'kovič (1877-1971), Mitglied der Partei der Bol'ševiki seit 1898. Bis zu dieser Ernennung war er Vorsitzender des RVS der Povolžskaja-Arbeitsarmee, die die für die Errichtung der Emba-Erdölindustrie wichtige Eisenbahnlinie von Aleksandrov-Gaj nach Emba (Algemba) in Westkasachstan baute. Aus Kasachstan abberufen im Herbst 1921.

[66] I.V. Stalin, Sočinenija, t. 4, s. 360-361.

„gibt es in Semipalatinsk eine ganze Reihe von Menschen mit höherer Bildung, Spezialisten verschiedener Bereiche und gute Arbeiter. Einige von ihnen gehören bereits der Partei an, andere kann man, obwohl sie nicht in der Partei eingeschrieben sind, nach ihrer politischen Ausrichtung geeignete Arbeiter und Führer für die Idee der Sowjetmacht nennen."[67]

Die Vorbereitung der Konstituierenden Versammlung und alle die Probleme, die mit der Bildung der Republik verbunden waren, machten es erforderlich, alle der Sowjetmacht loyalen Kräfte unter einer Führung zusammenzuschließen. Das bedeutete jedoch nicht, dass die politische Bedeutung der nationalen Elite anerkannt worden wäre. Im September 1920 nahm das Oblast'-Büro der RKP(b) eine spezielle Resolution an, in der den örtlichen Parteiorganisationen vorgeschlagen wurde, die Intelligenz „nur wie eine technische Gruppe" zu nutzen, aber keinerlei politische Koalition mit ihr einzugehen, da sie, wie in dem Dokument gesagt wurde, keinen Rückhalt in den breiten kirgisischen Massen habe und im politischen Sinne nicht einheitlich auftrete. Tatsächlich war die kasachische Intelligenz in ideell-politischer Hinsicht zersplittert, und das färbte in den zwanziger Jahren wiederholt auf ihr Verhalten ab, jedoch bewahrte sie, besonders die Alaš, unzweifelhaft ihren Einfluss auf die Massen. Nicht zufällig protestierte ein wahrer Bol'ševik und permanenter Gegner der Alaš Vertreter 1921 und danach auf jede nur mögliche Art gegen ihre Nutzung „für die Verbreitung der Sowjetmacht unter der kirgisischen Bevölkerung."[68]

Eine noch verschärfte Forderung, nicht mit der Intelligenz anzubändeln, „wie es bisher häufig war", und sich äußerst vorsichtig bei ihrer Aufnahme in die Partei zu verhalten, wurde in den Thesen des Kirobbjuro der RKP(b) im Herbst 1920 geäußert. Im Urteil des Parteiorgans war sie künstlich vom Zarismus geschaffen und völlig von bourgeois-nationalistischen Ansichten durchdrungen. Zu drei Viertel zur Alaš-Orda hin orientiert, bemühe die Intelligenz sich dennoch, sich der Sowjetmacht anzuschließen, um sie in Worten anzuerkennen und gleichzeitig mit Taten die kommunistische Arbeit politisch zu sabotieren.[69]

---

[67] GA RF, f. 1318, op. 11, d. 5, l. 17.
[68] Zitiert nach: N. Timofeev, wie Anm. 28, S. 92; RGASPI f. 5, op. 1, d. 992, l.7.
[69] PA RK, f. 140, op. 1, d. 37, l. 12-13.

Im Ergebnis begannen schon 1921 Repressionen gegen die kasachische Intelligenz. Viele derjenigen, die zur Festlegung der Grenzen der Autonomie hinzugezogen worden waren, wurden nach Hause geschickt (Ch. Gabbasov u.a.). Im Herbst 1921 wurde eine konterrevolutionäre Organisation ehemaliger Alaš-Ordincy im Gouvernement Semipalatinsk „aufgedeckt". Ein Jahr später beschuldigte die GPU von Aktjubinsk die dort arbeitenden ehemaligen Mitglieder der Alaš und ihre Anhänger der antisowjetischen Tätigkeit. Zur gleichen Zeit wurde das ehemalige Mitglied des Turgajer Zweigs der Alaš-Orda A. Kenžin aus der Partei ausgeschlossen. 1923 wurden per Beschluss einer Sonder-Kommission beim Semipalatinsker Gubkom der Partei die ehemaligen Alaš-Mitglieder Najmangožin, Bekov, Boštaev, Ajmautov, Djusembin und Alimbekov ihres Amtes enthoben. Im November 1924 wurde A. Dosov vom Posten des Vorsitzenden des Semipalatinsker Gubispolkom abberufen. Ihm wurde der Versuch, neben von oben vorgeschlagenen russischen Kommunisten auch parteilose Kasachen zur verantwortlichen Arbeit heranzuziehen, vorgeworfen, außerdem der Kontakt zum bereits amtsenthobenen A. Ermekov. Der bewegende Abschied, den ihm die örtliche Intelligenz bereitete, verstärkten das Misstrauen und den Argwohn der örtlichen Parteiführung ihm gegenüber nur noch.[70]

Jedoch konnte die politische Isolierung der Intelligenz nicht total sein, um so mehr, als das Leben selbst die Macht zur Antwort auf Fragen zwang, die die nationale Intelligenz formuliert und auf die angemessene Antworten und Lösungen zu finden sie schon vor der Revolution versucht hatte. Diese Fragen wurden im Vortrag im Oblast'-Büro der Partei zur Vorbereitung des 1. Allkirgisischen Rätekongresses laut: Besteht in den breiten kirgisischen Massen ein Bestreben nach nationaler Vereinigung des ganzen Volkes, oder wird diese Strömung nur von der national-chauvinistisch eingestellten kasachischen Intelligenz angeheizt? Hat die Intelligenz Rückhalt in der breiten Masse des Volkes oder stützt sie sich nur auf bourgeoise oder kulakische Kreise, oder handelt es sich um eine Gruppe ohne echte Basis, die nur wegen ihrer großen Organisiertheit eine Rolle spielt? Gibt es in der kasachischen Gesellschaft Anzeichen der Klassendifferenzierung, und bestehen objektive Bedingungen dafür, dass die Massen die Klassendifferenzierung unter dem Einfluss aufklä-

---

[70] GASO, f. 73, op. 1, d. 18, l. 155; f. 1, op. 1, d. 173, l. 5-6, 9-10, 12, 22, 34, 35, 37-40, 42-43, 45, 46, 50, 73-74; PA RK, f. 139, op. 2, d. 55. l. 1; Archiv UKNB RK po Semipalatinskoj Oblasti, No. 40. op. 1, l. 32; RISPI, f. 17, op. 32, d. 10, l. 152-153, 156, 158.

rerischer Maßnahmen akzeptieren? Welche revolutionären Methoden können für die Einführung der Differenzierung angewendet werden, und wie können die werktätigen kirgisischen Massen in den revolutionären Kampf einbezogen werden? Sind die umgesiedelten Elemente revolutionär eingestellt? Auf wen sollte die Sowjetmacht sich in der Hauptsache stützen?[71]

Dass diese Fragen gestellt wurden, enthüllte sowohl, dass die Macht sich derjenigen der am stärksten fühlbaren Probleme recht deutlich bewusst wurde, die unaufschiebbare Aufmerksamkeit forderten, aber andererseits auch, dass sie ihre eigene Hilflosigkeit und grundlegendes Unverständnis gegenüber der ethnischen Vielfalt der Welt, der inneren Hebel eingestand, nach denen ethnische Gemeinschaften im Leben funktionieren. Die Umsetzung der Prinzipien der Diktatur des Proletariats in den nationalen Randgebieten konnte unter diesen Bedingungen nicht ohne Einsatz von Gewalt erfolgen. Obwohl das die Ordnung im Land förderte und die Überwindung der ökonomischen Ungleichheit der Nationen stimulierte, führte es zugleich unvermeidlich zu Machtkonzentration und zentraler administrativer Kontrolle. Und das wiederum bedeutete ebenso unausweichlich die Unterordnung unter gesamtstaatliche, d.h. russische Modelle und Tendenzen, was Wesen und Ablauf der Modernisierungsprozesse in den nationalen Gemeinschaften verfälschte.

Die ethnische Weltauffassung und ethnische Bewertung der bol'ševistischen nationalen Politik dieser Zeit findet ihren Ausdruck in den Ergänzungen zu Lenins Thesen zur kolonialen und nationalen Frage auf dem 2. Kongress der Komintern, die die kommunistischen Vertreter Baškiriens, Turkestans und Kirgisiens T. Ryskulov, A.-Z. Validov, Ch. Jumagulov, A. Bajtursynov und A. Ermekov am 12. Juni 1920 an den Parteivorsitzenden richteten. Nach ihrer Meinung bewiesen die Leninschen Thesen die für die Nationalen unbestreitbare Tatsache,

„dass die fortschrittlichen Führer der kommunistischen Revolution, die ihre Aufgabe nicht formal, nicht kompromisshaft begreifen, sondern die nationale Frage grundlegend bearbeiten, sich selber noch nicht darüber im Klaren sind, welche Schwierigkeiten sie überwinden müssen. Dies nicht nur bei der Lösung, sondern auch beim Studium der nationalen Verhältnisse und der kolonialen Frage in einer Zeit, in der die Revolution sich noch nicht aus einer nationalen russischen in eine internationale verwandelt hat, in der

---

[71] PA RK, f. 140, op. 1, d. 48, l. 8.

die Träger der Idee der Weltrevolution ihre Arbeit in einer Atmosphäre „eines isolierten Staates" durchführen müssen; eines Staates mit einer abscheulichen imperialistischen Vergangenheit und mit einer Bevölkerung, die zu 70% aus Europäern besteht, inklusive der Ukrainer (stark und unbestraft für ihre Raube und Morde) und einem kleinen Prozentsatz von *inorodcy-tuzemcy*, die es gewöhnt sind, jegliche zynische Verhöhnung und Unterdrückung der Persönlichkeit im Staat ergeben zu ertragen, einem Staat, in dem Ausplünderung und Unterdrückung der *inorodcy* in den Augen der Unterdrücker wie der Unterdrückten zu einer normalen, üblichen und gesetzmäßigen Erscheinung geworden war. – Der Geist derjenigen Stellen der Thesen, die die rückständigen Länder betreffen, das Unterstreichen des Misstrauens und der nationalen Begrenztheit der Rückständigen in einem besonderen Punkt und die Hervorhebung der Notwendigkeit nichts sagender „herablassender Vorsicht", das völlige Fehlen von Hinweisen auf die Unterschiede zwischen den früher unterdrückenden und unterdrückten Proletariern und auf Wege, die tatsächlich eine so-lidarische Arbeit dieser beiden Typen des Proletariats im Kampf gegen den gemeinsamen Feind – das Kapital – ermöglichen, der Hinweis auf den Panislamismus, der nicht nur in den Volksmassen, sondern auch in der bourgeois-demokratischen Intel-ligenz keinerlei reale Grundlage hat, all das zusammen zeigt die völlige Erfolglosigkeit jenes Geheuls und Geschreis, mit dem die Berichte der turkestanischen, kirgisischen, baškirischen und turkmenischen Kommunisten durch und durch getränkt sind, die vor Ort die Spitznamen „Kleinbourgeoisie", „national begrenzte Menschen" und Menschen, die danach streben eine „Chinesische Mauer zwischen den Kolonien und der Metropole zu errichten", bekamen".[72]

In den starren Rahmen der vom sowjetischen Zentrum diktierten Notwendigkeit gestellt, bemühte die nationale Intelligenz sich dennoch in allen ihren Hypostasen, Positionen in den Machtstrukturen zu erringen und zu bewahren, um das eigene Verständnis der nationalen Interessen und Ziele zu verteidigen und umzusetzen. Insbesondere nahm sie an der Arbeit des konstituierenden Kongresses der Arbeiter-, Bauern-, Kosaken-, kirgisischen und Rotarmisten-Deputierten teil, der vom 4. bis 12. Oktober 1920 in Orenburg stattfand. 273 Delegierte aus allen Oblasti Kasachstans und sechs Delegierte der kasachischen Bevölkerung des Gouvernements Altaj (Fragen der territorialen

---

[72] RGASPI, f. 5, op. 3, d. 3, l. 23.

Abgrenzung der Gouvernements Semipalatinsk und Altaj waren schon auf einer Sitzung des VCIK im Oktober 1924 erörtert worden, als einer der Berater trat A. Ermekov auf) nahmen eine „Deklaration der Rechte der Werktätigen der Kirgisischen (Kasachischen) ASSR" an, die die Prinzipien der Bildung der ersten kasachischen nationalen Staatlichkeit in Form einer autonomen Einheit der RSFSR festlegte. Einer der wichtigsten Redner des Kongresses war A. Ermekov. Zum Vorsitzenden des SNK der KASSR wurde der Chef des KirVRK V.A. Radus-Zen'kovič gewählt, zum Vorsitzenden des KirCIK S. M. Mendešev. Das KirVRK stellte in dieser Zeit faktisch seine Tätigkeit ein. A. Bajtursynov wurde erster Narkom für Volksbildung der Republik, G. Alibekov Narkom der Justiz.[73]

In den Jahren 1920/1921 setzte die neue Macht den Kurs der Zusammenschlusses der Rajony mit traditionell kasachischer Bevölkerung in den Grenzen der Autonomie fort. Im Uezd Omsk der Oblast' Akmola und anderen Regionen wurden unter Berücksichtigung der ethnischen Zusammensetzung der Bevölkerung von speziellen Kommissionen die Grenzen genau festgelegt. Am 14. Oktober 1920 wurde eine Vertretung der KASSR beim Sibrevkom in Omsk gebildet. Sie beteiligte sich an der administrativen und wirtschaftlichen Verwaltung und bereitete die Übergabe der Oblasti Semipalatinsk und Akmolinsk an die KASSR vor. Die Fixierung der nordöstlichen Grenzen der Republik und die Frage der administrativen Unterordnung der genannten Gouvernements war durch politische und ökonomische Zweckmäßigkeit diktiert, die jedoch von der sibirischen und kasachischen Führung manchmal verschieden bewertet wurde. So lenkte der Vertreter der KASSR beim Sibrevkom A. Ajtiev Anfang Februar 1921 die Aufmerksamkeit der CIK der Republik auf das Bestreben der Sibirjaken insbesondere im Omskij Uezd eine Reihe von Rajony bei sich zu behalten. Er zeigte, dass die von ihnen zugrunde gelegten formalen Kriterien „nationaler Beziehungen und der Bevölkerungsdichte weder in politischer noch in ökonomischer Hinsicht irgendeiner Kritik standhalten." Die kasachstanischen Führer unterstrichen, unter Berufung auf das Zentrum, dass das Organisationsprinzip der Republik in dem Bestreben liegt,

„eine Zerstörung der historisch gewachsenen wirtschaftlichökonomischen Wechselbeziehungen zwischen den Viehzüchter- und Ackerbauwirtschaften zu vermeiden; vom politischen

---

[73] Siehe: Borcy za Sovetskuju Vlast' v Kazachstane. Vyp. 1, Alma-Ata 1982, S. 193-194; GA RF, f. 1235, op. 95, d. 495, l. 162; GASO, f. 73, op. 2. d. 167, l. 1-2, 5, 7, 12-13.

Standpunkt hingegen hat die von den sibirischen Vertretern angeführte Bevölkerungsstruktur – die eben auch kulturell und politisch entwickelte Siedlungen aufweist – für die junge Kirgisische Republik entscheidende politische Bedeutung: nämlich der Zielsetzung, unter der sich noch im Stadium des Mittelalters befindenden kirgisischen Bevölkerung eine revolutionäre Basis zu schaffen."

Die Grenzziehung (*razmeževanie*) im Nordosten Kasachstans wurde von der am 16. Februar 1921 gebildeten Außerordentlichen bevollmächtigten Kommission beim KirCIK zur Übernahme und Verwaltungsorganisation dieser Gouvernements, die bis Juni 1921 bestand, vollendet und juristisch formuliert. Die Vertretung setzte ihre Arbeit sogar bis zum 10. Januar 1923 fort. 1924 wurden der KASSR zusätzlich die Siedlungen des Rubcovkskij Rajon im Gouvernement Altaj übergeben, und noch später, im Jahr 1930, wurde die Grenzziehung zwischen dem Uezd Petropavlovsk der KASSR und dem Omskij Okrug des Sibirskij Kraj mit der Übergabe eines Teiles des Territoriums Kasachstans an die RSFSR präzisiert. Außerdem wurde 1921 eine Kommission gebildet und eine spezielle Beratung zur Regulierung der Territorialstreitigkeiten über die Volosti des Gouvernements Astrachan' mit gemischter Bevölkerung, die nicht lange zuvor in Volgo-Kaspijskaja-Kirgisien vereinigt worden waren, abgehalten.[74]

Der formale Akt der Legitimierung der sowjetischen Staatlichkeit in Kasachstan bedeutete keineswegs ihre faktische Verwirklichung. Wie bekannt, zog sich die Sowjetisierung der Region durch die 20er Jahre hin und war äußerst schmerzhaft. Um so mehr, als für die nationalen Massen die Entfremdung von der Macht bestehen blieb. Die neue Gestalt der Macht veränderte das traditionelle Bewusstsein und die traditionelle Hierarchie in den intraethnischen Beziehungen auf manchmal absonderliche Weise. So teilte der Sekretär des Gubkom der Partei von Syr-Dar'ja im Juni 1926 dem CK der VKP(b) mit, dass die Parteiarbeiter bei der Überprüfung einer der Volost'-Organisationen des Aulie-Atinskij Uezd (heute Čimkent) auf Fälle von kollektiver Rückgabe der Kandidaten-Parteibücher gestoßen waren. Die Erklärung dafür war eigentümlich: „Wir wurden im letzten Jahr eingetragen, als es bei den Vorwahlen für die Räte Stammes-

---

[74] Vechi konsolidacii, wie Anm. 63, S. 48-49, 202; Sobranie uzakonenij i rasporjaženij rabočego i krest'janskogo pravitel'stva RSFSR, M. 1930, No. 17, Art. 223.

feindschaft gab. In diesem Jahr haben wir nicht gewonnen, weshalb also Parteimitglied bleiben und nur Mitgliedsbeiträge zahlen."[75]

Aber die nationale Intelligenz gab ihre Hoffnungen und Versuche, eine reale Selbstbestimmung zu erreichen niemals auf, um so mehr, als nach wie vor, wie die lokalen Parteiführer einräumten, ihr Einfluss auf die kasachischen Kommunisten und die kasachischen Mitarbeiter in den Sowjet- und Parteiorganen sowie den gesellschaftlichen Organisationen zweifellos erhalten geblieben war, unabhängig davon, ob sie in der Partei waren oder nicht. Als eine der allerwichtigsten Aufgaben sahen es die ehemaligen Alaš-Ordincy als Vertreter der Elite mit der größten Autorität Mitte der zwanziger Jahre an, ungeachtet der Verschiedenheit der Zusammensetzung und der Unterschiede im Verhältnis zur Macht, „aus Kirgisien eine selbstständige Einheit zu machen, die unmittelbarer Bestandteil der UdSSR ist."

Faktisch passte die völlige Kontrolle der Autonomie durch das föderale Zentrum der RSFSR und die Abhängigkeit von diesem den Nationalen nicht. Zum Beispiel schreib R. Marsekov im April 1922 als Antwort auf die Frage in einem Fragebogen: „Mit welchem Bereich der Politik der Sowjetmacht stimmen sie nicht überein?" „Der KirRepublik wurde nicht das Recht auf Abschluss von Handelsverträgen mit den Nachbarstaaten gewährt." Weiter ergänzte er in einer Anmerkung: „Die Ukrainische Republik hat das Recht auf Abschluss von Handelsverträgen mit Nachbarstaaten, und sie hat dieses Recht auch schon genutzt. Und die KirRepublik als Mitglied der Föderation hat dies Recht nicht." Auch der Status von Orenburg als Hauptstadt stellte die Nationalen nicht zufrieden. Sie hielten in dieser Hinsicht Taschkent, wo Mitte der zwanziger Jahre wichtige Kräfte der zentralasiatischen Intelligenz im Bildungs-, Wissenschafts- und Kulturbereich konzentriert waren, für sehr viel attraktiver. Wie bereits erwähnt, wurde die Hauptstadt Kasachstans jedoch ins südliche Kzyl-Orda verlegt.[76]

---

[75] RGASPI, f. 17, op. 32, d. 54, l.7.
[76] Ebda., d. 10, l. 152-153, 156, 158; op. 31; d. 31, l. 22; GASO, f. 73, op. 2; d. 318, l. 1-7.

Fazit

Wie bekannt, zeigten sich im Prozess der Bildung der UdSSR, besonders in der Anfangsetappe, um die es hier geht, Züge sowohl eines Staatenbundes als auch einer Föderation als auch eines Einheitsstaates, und zwar um so stärker, als die lang- und kurzfristigen Ziele der Nationalen Politik der RKP(b) auseinander fielen. Stalin hatte jedoch schon im Jahr 1920 ganz klare Vorstellungen davon, wie die Hierarchie der Völker Russlands im neuen Staat sein solle. Die Republiken der Tataren, Kasachen und Baškiren sah er auf einem höheren Niveau der politischen Autonomie als im Vergleich dazu die administrative Autonomie der Deutschen an der Volga, der Čuvašen oder Karelier, aber gleichzeitig für weniger weitgehend als den Status der Ukraine und Turkestans und besonders jener Republiken, die einstweilen Vertragsbeziehungen mit Sowjetrussland hatten (Azerbajdžan zum Beispiel).[77] All diese Formen von Wechselbeziehungen erschienen dabei lediglich als Stufen des Übergangs zum Einheitsstaat. Und obwohl sich im Zuge seiner Herausbildung der Status einiger nationaler Gebilde veränderte (so wurde eben auch Kasachstan 1936 Unionsrepublik), machte Stalin schon 1920 keinen wesentlichen Unterschied mehr zwischen autonomen Oblasti und Republiken einerseits und Autonomien innerhalb der RSFSR andererseits sowie drittens formal noch souveränen Sowjetrepubliken.

Währenddessen versuchten die nationalen Führer Kasachstans und Mittelasiens, Baškiriens und Tatarstans, die am Ende des Bürgerkrieges ihre politische Karriere mit der Sowjetmacht und der Partei der Bol'ševiki verbunden hatten, unter den neuen Bedingungen ihre eigenen Pläne des Staatsaufbaus zu verwirklichen. Das Bemühen, nationale Selbstbestimmung und Vertrauen von Seiten der bol'ševistischen Führung im Zentrum wie vor Ort zu erreichen und der Protest gegen die kriegskommunistische Form des neuen Aufbaus verbanden sich bei ihnen mit halbphantastischen Vorschlägen, einen irgendwie vereinten, allgemeinmuslimischen geopolitischen Raum innerhalb gemeinsamer Grenzen zu schaffen. Solche Ideen tauchten bei kasachischen, baškirischen und turkestanischen Autonomisten 1918 in Verbindung mit konkreten militärisch-politischen Umständen auf und waren auch in der Emigration Ende der 20er Jahre im Schwange, wo sie auch einen gewissen organisatorischen Ausdruck

---

[77] Siehe I.V. Stalin, Sočinenija t. 4, S. 351-363; Pravda 10.10. 1920.

fanden.⁷⁸ Die bol'ševistische Losung der Weltrevolution hatte einen nicht geringen Einfluss auf sie.

Jedoch wurden derart ephemere Projekte eines alltürkischen Zusammenschlusses durch die Anziehungskraft der im Jahr 1920 verwirklichten verhältnismäßig selbstständigen Einheiten innerhalb des neuen Russland in den Hintergrund gedrängt. Im bereits erwähnten Brief an Lenin zur kolonialen- und nationalen Frage, in dem unterstrichen wurde, dass „man nicht die eingeborene Armut vom Joch der Kolonialisten mit den Händen derselben Kolonialisten befreien darf", heißt es weiter:

„... wir wollen auch, dass wir (der Orient), statt als Zankapfel zwischen verschieden Mächtigen der ganzen Welt zu dienen, Mitglied der Weltföderation der Kommunen werden und ohne Zölle unsere Rohstoffe durch ein Welt-Sovnarchoz gegen europäische Fabrikate tauschen. Die bewussten orientalischen Kommunisten sind es wert gleichberechtigt zu sein, wenn auch jetzt (bis zur Weltrevolution) in der Russischen Kommune, sind es wert, dass uns unsere Genossen, die europäischen Kommunisten, glauben."

Weiter wird davon gesprochen, dass Indien unbedingt vor der Revolution in London mit Hilfe Sowjetrusslands durch das muslimische Proletariat befreit werden sollte. Auch die Rolle des englischen Proletariats bei der Unterstützung für das indische Volk wird erörtert.⁷⁹

Den Ausweg aus dem, in den Augen der Nationalen, tragischen Widerspruch zwischen den kommunistischen Losungen und ihrer Umsetzung in der politischen Praxis sahen sie darin, dass

„jenen Marionettenrepubliken (wie es der Sekretär des VCIK Lutovinov einmal ausgedrückt hat), die im Orient geschaffen wurden, ein ernsthafterer Charakter und Bedeutung gegeben wird, wenn den werktätigen *tuzemcy* dieser Republiken die Möglichkeit gegeben wird, ihre Initiative im Bereich der Partei-, Wirtschafts- und Militärorganisation zu zeigen. Fürchtet uns nicht, uns ‚Unabhängigkeitskämpfer', wie sich hier in Moskau einige unserer bedeutendsten Führer über die Beziehungen zu uns ausdrücken, ... wir brauchen Hilfe, nicht Gewalt."⁸⁰

---

[78] Siehe L. Ovruckij, I. Tagirov, Pod zelenymi znamenami, in: Rodina 1991/5, S. 27-31: ebda., 1991/2; Iz istorii rossijskoj emigracii. Pis'ma A.-Z. Validova i M. Čokaeva (1924-1932), Moskva 1999.

[79] RGASPI, f. 5, op. 3, d. 3, l. 23, 25, 26.

[80] Ebda., l. 25.

Obwohl viele Parteiführer der zwanziger Jahre, darunter auch Lenin, für ein ausgewogenes Vorgehen bei der Lösung der nationalen Frage eintraten, für eine optimale Balance von Rechten und Vollmachten des Zentrums und nationalen Gebilden, die sowohl die Absurdität der hemmungslosen Föderalisierung als auch die kurzsichtige, kompromisslose Einführung des Unitarismus vermeiden würde, überwog seit 1923 in der Realität der nationalkommunistische Kurs. Er wurde von Stalin auf dem 12. Kongress der RKP(b) zum Ausdruck gebracht, der zur nationalen Frage sagte: „... das Recht auf Selbstbestimmung kann und darf nicht zum Hindernis für die Verwirklichung des Rechts der Arbeiterklasse auf ihre Diktatur werden."[81]

Im Laufe des nationalstaatlichen Aufbaus der zwanziger Jahre wurden auch administrativ-territoriale Gebilde geschaffen – es wurden fünf Kraji eingerichtet (sie hatten Außengrenzen und enthielten Autonomie nach innen) und fünf Oblasti, nicht mitgezählt die nationalen Gebilde auf dieser Ebene, die in noch kleinere Einheiten geteilt waren. In Kasachstan wurde bedeutend später, im April 1956, der südliche Teil des Džanybekskij Rajon der Oblast' West-Kasachstan an die Astrachanskaja Oblast' Russlands angegliedert, und im November 1962 und Dezember 1965 änderte man die Grenze zwischen der Oblast' Čeljabinsk der RSFSR und der Oblast' Kustanaj der KSSR mit Gebietsaustausch und der Übergabe zweier Siedlungen an Russland.[82]

Die neue innerstaatliche Struktur des Landes sollte die politische Stabilität und Festigkeit, eine effektivere sozial-ökonomische Entwicklung und regionale Integration sichern. Aber die historisch gewachsene Buntheit und die Gemengelage der ethnischen Besiedlung, auch in Kasachstan und Mittelasien, konnte nicht mit administrativen Methoden überwunden werden. Das bürokratische Herangehen an die Lösung des Problems schuf den Grundlage für latente Spannungen in vielen Regionen. Die Geschichte der Bildung und des Aufbaus der UdSSR war das Ergebnis eines hochkomplexen Prozesses, in den alternative Entwürfe zur weiteren Entwicklung der russländischen Gesellschaft auf den Ruinen des Imperiums konfliktreich miteinander verwoben waren. Dies ist auch unter den heutigen Bedingungen äußerst lehrreich, in der jüngsten Phase des

---

[81] I.V. Stalin, Sočinenija, t. 5, S. 265.
[82] Siehe: Sbornik Zakonov SSSR 1938-1975, Moskva 1975, t. 1, S. 65-66, 70-71, 73-75.

Wandels der russländischen Staatlichkeit und während der nicht endenwollenden Debatten über Föderalismus, Separatismus und Regionalismus, Probleme, die eben keine wahrnehmbare Deutung und ebensowenig einen wirksamen Niederschlag in der offiziellen Politik des Landes erfahren haben.

Glossar

Das Glossar führt diejenigen Begriffe aus dem Russischen auf, die im Text unübersetzt bleiben. Die meisten dieser Begriffe erscheinen im Text daher auch ohne Kursivierung. Sie behalten ebenfalls die originalsprachliche Pluralbildung (die Oblasti) und führen im Deutschen den gleichen Artikel wie im Russischen, also: die Oblast'. Sie werden in der Regel als nichtdekliniert behandelt, also: des Kraj.

Das nachfolgende Abkürzungsverzeichnis nimmt einige Begriffe aus dem Glossar wieder auf, dient aber in der Hauptsache dem Zweck, im revolutionären Sprachgebrauch der Zeit eine Hilfe zu bieten. In keinem Fall ist eine Darstellung der Sowjet- und Parteistrukturen oder der Verwaltungseinheiten intendiert. Das Abkürzungsverzeichnis bietet die Möglichkeit, durch Kombination der Kunstsilben auch solche Abkürzungen aufzulösen, die nicht eigens aufgeführt sind. Das *Kirkrajprodotdel* ist demnach die Abteilung für Versorgungsfragen in Kirgisien (Kasachstan), das *Narkomzem* das Volkskommissariat für Landwirtschaft bzw. das Landwirtschaftsministerium.

Aksakal, urspr. turksprachig "Weißbart", in den kasachischen Gebieten ebenso wie allgemein im turksprachigen Mittelasien Bezeichnung für Dorfälteste.

Alaš, urspr. ein Kampfruf. (Durch Kampfrufe unterschieden sich die unterschiedlichen Gruppen der Kasachen voneinander. Diese Kampf- oder Schlachtrufe gehen oft auf bedeutende Recken der Vergangenheit zurück). Später die selbstgewählte Bezeichnung für die in der vorliegenden Arbeit im Zentrum stehende Bewegung.

Alaš-Orda, eigentlich die "Alaš-Gruppe"; "orda" ist der turksprachige Begriff für ein Heerlager. Alaš-Orda wäre also diejenige Gruppe, die sich durch den Kampfruf "Alaš" unterscheidet.

Alaš-Ordincy (pl., sg. Alaš-Ordinec), Mitglieder und Anhänger der Bewegung Alaš-Orda.

Aul, turksprachig, Zelt- und Weidegruppe im nomadischen, Dorf im sesshaften Kontext.

Bukeevsche Horde, Teil der kasachischen politischen Struktur, die außerdem drei große Gruppen umfasste (die Ältere, Mittlere und Jüngere Horde). Die Bukeevsche Horde hatte ihr Zentrum westlich der Volga. Sie kam Anfang des 19. Jahrhunderts unter russische Oberherrschaft.

Črezvyčajnaja Komissija (ČK), Tscheka, Geheimpolizei.

Inorodcy (pl.), Fremdstämmige. Bezeichnung für Nichtrussen im Russländischen Reich.

Kasachen/Kirgisen/Kirgis-Kaisaken, teilweise nomadisch lebende Bevölkerung im heutigen Kasachstan. Bis 1925 wurden die Kasachen von den Russen Kirgisen oder Kirgis-Kaisaken genannt, die Kirgisen hießen "Kara-Kirgiz" (Schwarze Kirgisen).

Kosaken (Orenburger, Ural-, Sibirische, Semireč'e), regional gegliederte besondere Kavallerie-Truppen des russländischen Reiches, die auch Ländereien zugesprochen bekamen.

Kraj, pl. Kraji, (mehr oder weniger) großes Gebiet (Verwaltungseinheit); besonders für die Steppenregion und für Turkestan gebräuchlich.

Kulaken, Großbauern (in der späteren Entwicklung solche Bauern, die Lohnarbeiter beschäftigen). Sie galten den Bol'ševiki nach den Grundbesitzern als die Klassenfeinde auf dem Land.

Oblast', pl. Oblasti, territoriale Verwaltungseinheit unterhalb des Gouvernement und oberhalb des Uezd.

Oblastničestvo, als "Regionalismus" übersetzt; Tendenz, den Oblasti größere Vollmachten zu geben.

Obščina, pl. Obščiny, a) Dorfgemeinschaft, b) Gemeinschaft überhaupt.

Okrug, territoriale Verwaltungseinheit.

Orenburger Generalgouvernement, Verwaltungseinheit mit Zentrum in Orenburg. Die Stadt Orenburg (gegr. CHECK) war einer der wesentlichen Vorposten des Russländischen Reiches gegenüber den Steppengebieten.

Otdel, Abteilung (in Verwaltungszusammenhängen).

Prikaz, Befehl.

Sovet, Rat.

Staatsduma, Parlament im Russländischen Reich in der späteren Zarenzeit.

Stepnoj Kraj, Steppengebiet; Verwaltungseinheit.

Stepnoe položenie, Verordnung zur Regelung von Fragen der Landnutzung und der Verwaltung der Steppengebiete.

Turkestanskij komitet, Turkestanisches Komitee, Sowjetstruktur zur Verwaltung Turkestans (ehemaliges Gouvernement).

Turkestanische Autonomie, politische Struktur während des Bürgerkrieges (bestand 1918–19) mit Zentrum in Kokand (daher auch Kokander Autonomie).

Turkkomissija, Parteistruktur zur Leitung der Arbeit der RKP (b) in Turkestan.

Tuzemcy (pl., sg. Tuzemec), Einheimische, Bezeichnung vor allem für die Bewohner Turkestans (nach der Eroberung durch die Russen).

Uezd, territoriale Verwaltungseinheit unter der Oblast' und über der Volost'.

Volost', territoriale Verwaltungseinheit.

Werst, Längenmaß (1,06 km).

Zemstvo, pl. Zemstva, Einrichtungen der regionalen Selbstverwaltung mit eingeschränkten Befugnissen zur Zarenzeit.

Abkürzungsverzeichnis

ASSR	Avtonomnaja Sovetskaja Socialističeskaja Respublika, Autonome Sozialistische Sowjetrepublik, Glied einer Unionsrepublik
CIK	Central'nyi ispolnitel'nyj komitet, Zentrales Exekutivkomitee
CK	Central'nyj komitet, Zentralkomitee, ZK
ČK	Črezvyčajnaja Komissija, Außerordentliche Kommission, Geheimpolizei (Tscheka)
GPU	Glavnoe Političeskoe Upravlenie, Hauptverwaltung Politik, Geheimpolizei
Gub-	Gubernskij, auf Gouvernements-Ebene
Gubispolkom	Gubernskij ispolnitel'nyj komitet, Gouvernements-Exekutivkomitee (Sowjetorgan)
Gubkom	Gubernskij komitet, Gouvernements-Komitee
Gubotdel	Gubernskij otdel, Gouvernements-Abteilung
GULag	Glavnoe upravlenie lagerej, Hauptverwaltung für Lager
Ispol-	Ispolnitel'nyj, Exekutiv-
Ispolkom	Ispolnitel'nyj komitet, Exekutivkomitee (Sowjetorgan)
KASSR	Kirgizskaja Avtonomnaja Socialističeskaja Sovetskaja Respublika, Kirgisische (Kasachische) Autonome Sozialistische Sowjetrepublik (innerhalb der RSFSR)
Kir-	Kirgizskij, kirgisisch (kasachisch)
Kirkraj	Kirgizskij Kraj, Kirgisien (Kasachstan)

Kirrevkom	Kirgizskij revoljucionnyj komitet, Kirgisisches (Kasachisches) Revolutionskomitee
Kom-	Komitet, Kommisar, Kommisariat (Amt und Person)
Nar-	Narodnyj, Volks-
Narkom	Narodnyj komissar, Volkskommissar (Minister)
Narkomnac	Narodnyj komissariat nacional'nost'ej, Volkskommissariat für Nationalitätenfragen
NKVD	Narodnyj komissariat vnutrennych del, Volkskommissariat für Innere Angelegenheiten, Innenministerium
Obl-	Oblastnoj, Gebiets-, auf Oblast'-Ebene
Oblispolkom	Oblastnoj ispolnitel'nyj komitet, Oblast'-Exekutivkomitee
Prod-	Prodovol'stvennyj, auf Versorgungsfragen bezogen
Rev-	Revoljucionnyj, revolutionär, auf die Revolution bezogen
Revkom	Revoljucionnyj komitet, Revolutionskomitee
RKP (b)	Rossijskaja Kommunističeskaja Partija (bol'ševikov) Russländische Kommunistische Partei (Bol'seviki)
RSFSR	Rossijskaja Sovetskaja Federativnaja Socialističeskaja Respublika, Russländische Föderative Sozialistische Sowjetrepublik
RVS	Revoljucionnyj voennyj sovet, Revolutionärer Kriegsrat
SNCh	Sovet narodnogo chozjajstva, Rat für Volkswirtschaft
SNK	Sovet narodnych komissarov, Rat der Volkskommissare, Regierung
Sov-	Sovet, sovetskij; Rat, auf die Räte bezogen
Sovnarchoz	Sovet narodnogo chozjajstva, Rat für Volkswirtschaft
SR	Sozialrevolutionäre Partei, Gegner der Bol'ševiki
TSSR	Turkestanskaja Sovetskaja Socialističeskaja Respublika, Turkestanische Sozialistische Sowjetrepublik
Turkkomissija	Turkestanskaja komissija, Turkestanische Kommission
VCIK	Vserossijskij central'nyj izpolnitel'nyj komitet, Allrussländisches Zentrales Exekutivkomitee (Sowjetorgan)
VČK	Vserossijskaja črezvyčajnaja komissija, Allrussländische Außerordentliche Kommission, Tscheka, Geheimpolizei

Voen-	Voennyj, Kriegs-
VRK	Voennyj Revoljucionnyj komitet, Revolutionärer Kriegsrat
Zem-	Zemledel'českij, landwirtschaftlich (oder Formen von Zemledelie, Landwirtschaft)

Bei Fragen zur Produktsicherheit wenden Sie sich bitte an:
If you have any questions regarding product safety,
please contact:

Walter de Gruyter GmbH
Genthiner Straße 13
10785 Berlin
productsafety@degruyterbrill.com